大夏书系·全国中小学班主任培训用书

许丹红———著

不吼不叫，做智慧班主任

资深老班珍藏的锦囊妙计

华东师范大学出版社

ECNUP

全国百佳图书出版单位

图书在版编目（CIP）数据

不吼不叫，做智慧班主任：资深老班珍藏的锦囊妙计/许丹红著.—上海：华东师范大学出版社，2018

ISBN 978 - 7 - 5675 - 4763 - 6

Ⅰ.①不… Ⅱ.①许… Ⅲ.①班主任工作 Ⅳ.① G451.6

中国版本图书馆 CIP 数据核字（2018）第 051962 号

大夏书系·全国中小学班主任培训用书

不吼不叫，做智慧班主任

——资深老班珍藏的锦囊妙计

著　者	许丹红
责任编辑	卢风保
封面设计	奇文云海·设计顾问

出版发行	华东师范大学出版社
社　址	上海市中山北路 3663 号　邮编　200062
网　址	www.ecnupress.com.cn
电　话	021 - 60821666　行政传真　021 - 62572105
客服电话	021 - 62865537
邮购电话	021 - 62869887　地址　上海市中山北路 3663 号华东师范大学校内先锋路口
网　店	http://hdsdcbs.tmall.com

印 刷 者	北京密兴印刷有限公司
开　本	700×1000　16 开
插　页	1
印　张	15.5
字　数	246 千字
版　次	2018 年 7 月第一版
印　次	2025 年 2 月第二十一次
印　数	56 101–58 100
书　号	ISBN 978 - 7 - 5675 - 4763 - 6/G·9114
定　价	39.80 元

出 版 人	王　焰

以农夫的姿态育人

读了许丹红老师的书稿，满是惊喜和感动。惊喜的是，她在班主任这条育人道路上不断精进有为，不辍实践，收获一路芬芳；感动的是，她在喧嚣浮华的世界中，能够持守宁静之心，以农夫的姿态耕种育人。在文字中，读到满满的教育享受和慢慢等待的爱心，这需要不抱怨、尽己责的职业操守和守住平凡的热爱生命的状态。

向丹红老师真诚地致敬！

教师的天职是立德树人，这个"立德"，我以为首要的是致力于学生心灵的舒展和精神的愉悦，使学生建构起与他人、生活及社会的正确关系，进而促进社会的进步。丹红老师无疑是优秀的"心灵保育师"，注重培育学生的心灵，这使她的班主任工作充满十足的张力和诗意。

毋庸讳言，在当下的教育环境中，由于考评机制和社会环境等因素，社会和家长乃至教师本人对教师职业角色的定位仍然是窄化的，以为完成知识的搬运、得到一个好的考试分数与名次，就尽到了教师的责任，这是认识上的很大不足。而丹红老师则超越现实的理念羁绊和实践的庸俗要求，把目光放得很远，立足于学生"人"的成长需求，所思所行确实是在"心灵上种花"。丹红老师是一位充满人文主义情怀的极具温暖感的优秀老师。

由此想到教师职业的倦怠感，这似乎成为一个普遍性的公共话题。从丹红老师陶醉于班主任工作的行动来看，把职业倦怠的责任简单推给社会大环境，显然是站不住脚的。纵然在家国困顿、哀鸿遍野的民国时代，陶行知等一批名家的教育实践和思考，依然烛照当代，何因？缘于对孩子的爱和深切的责任心。

因此，教师职业倦怠感的消除，关键在于对自身生命价值的体认，以及对孩子充满爱心。我们抵抗生命无意义感的方式是什么？是向内求，寻求自身心灵的强大，而不是依靠外在的因素进行"应激式的刺激"。很多人把电影《肖申克的救赎》当作教育电影，其意义便在于激发人寻找使自己内心强大的方式，然后救赎自己。丹红老师就是一个能够救赎自己的"明白人"。教育的任务不是给予学生不断增多的知识，而是形成一种内部的深刻状态，一种类似灵魂聚集的东西，使他不仅在童年而且在一生中朝着一个确定的方向前进。这个方向是什么？我的理解是美好的生命认同和人性建设。

我把这本书稿的价值首先定位于生动"复活"了教师和班主任的职业意义。"复活"的途径是叙事，而非说教，更不是站在道德制高点上的布道。

本书采用了教育叙事的方式，具有很强的可读性。我们经常说：我们不缺少理论者，缺少实践者。其实我们既不缺少理论者，也不缺少实践者。或者说，从事理论研究的人多，从事实践的人更多。但为何出现上述偏颇言论？因为我们不善于进行叙事展示，往往用一种刻板的面孔进行僵硬的表达。而这本书的一大特点是：不是用这个理论那个学说进行"研究"，而是在流畅生动的故事中，把深奥的教育原理无痕地渗透其中。就我的了解，丹红老师是读了很多教育学、心理学理论书籍的，她深谙教育过程中心理学的运用机理和教育学的适用原则，只是她"引而不发""藏慧于中"而已。"会说是一种能力，沉默是一种智慧。"丹红老师的智慧就是把理性的教育光辉编织进故事当中，而不是板起面孔进行一番"道理的指点"。那种生硬的"指点"，不要也罢。

当然，因为丹红老师从事的是班主任工作，对于学生的了解、对于家长的知晓，相对比较全面，遇到的事情也比较多，这有助于获得第一手的"故事资料"，运用起来亦得心应手。生活是丰富的，每个学科老师每天也在"遭遇孩子"，关键是能不能捕捉故事、发掘故事和演绎故事。其实，用心从事教育工作，自然会流淌出动人的生活故事。在第二辑"问题学生巧应对"中，可不是充满莺歌燕舞的和谐，而是充满波涛汹涌的"斗争"，以及"小社会"的"大问题"，但丹红老师置身矛盾"洪流"中，用行动书写教育的魅力，突出教育的意义和价值。这不是纯粹的书斋写作，而是用双手编织的具有行动学意义的教育实践。在这个过程中，教师和学生生命共舞、教师和家长生息相通；教师、学生和家长都是叙事的主人公，没有主次之分、没有主宾之礼，共同上演一出出悲喜剧、矛盾剧、冲突剧，最终化为一幕幕充满生命礼赞的歌剧。

埃德加·莫兰说过："我们应该重新思考组织知识的方式，设想怎样把迄今为止被分离的东西连接起来。"他又说："有必要发展人类精神的把任何信息在一个背景中和一个总体中加以定位的自然的禀赋。有必要教授有关的方法使得受教育者能够在一个复杂的世界中掌握部分和整体之间的相互关联和相互影响。"本书涵盖学生和教师生活的方方面面，涉及学生管理、家庭教育、秩序建立和学科学习等，不知道丹红老师有无读过莫兰的著作，但我确信本书中构建的世界是符合莫兰的教育思想的：教育世界和生活世界是一体的，班级生活和社会生活是一致的。丹红老师具有全面的教育世界观，在她的实践中，每一个教育故事不是零碎和孤立的，而是对生活的整体和学生丰富心灵世界的映照。当读者在阅读教育故事时，会发现丹红老师犹如一个精细的大夫，医治一个器官时，总是把它放置到整个身体的大背景中去考虑。每个孩子身后都站着整个班级、整个家庭及其所有人际关系，处理一个学生的孤立事件，一定程度上可以说是一个浩大的社会学工程，需要抽丝剥茧和洞察幽微。

在阅读过程中，我内心不止一次涌起钦佩之情。因为其中充满丹红老师有关教师整体生命的主体实践，有关学生整体生命的教育追求，更有视班级为微型社区的建设完美社会的躬身行动。

这是温馨的班集体建设，也可视作理想主义乌托邦小型社会的实践行动。丹红老师无疑是具有理想主义情怀的教育耕耘者，而理想主义情怀是当下时代稀缺的品质。

回到丹红老师作为班主任的角色定位来谈谈班级课程建设问题。有人提出"课程为王"的口号，诚然，对于学校管理和学科建设来说，课程是非常重要的载体。在本书中，我发现丹红老师的班级管理是通过"活动"来实现的，而没有前置性地进行所谓课程框架的设计。如果一切按照规划按部就班地去执行，那会少了多少诗性的随意和灵感突发的神来之笔啊。本书中很多"事件"是突然发生的，根本不在预料之中，更遑论设计了，这时需要丹红老师进行及时的"救场"和"链接"。

知识是静态的，必须在"复活"中才能走进学生的精神世界，成为学生生命的养料。在第六辑"诗歌共吟最滋养"中，我们看到一位语文老师加班主任的优势（当然，非语文老师也同样可以做到），在庸常的日子里，用诗歌点亮寻常岁月。学生过生日时，借助诗歌进行庆祝，巧妙地把学生的名字镶嵌进诗歌中。这对孩子来说，是多么温暖的力量，足以铭刻终生。我们讴歌伟大的生活，是因为伟大的知识无处不在地镶嵌在生活中；如果知识和生活相分离，生活是黯淡的，知识是可鄙的。丹红老师的神奇之处在于，把静态的知识和学生的生命联系起来，使知识具有人情美和母亲般的温暖。我们有时通过纯粹的知识叠加，把学生送进大学的殿堂，得到的是学生对知识和学习的无感与厌恶。想想，这是多么令人沮丧的事。

仅从"把知识还原成生活的一部分"这一点来说，丹红老师便值得我们学习。

通过学习丹红老师的文章，我觉得丹红老师是一个自觉理性的教育理想主义者。她的教育实践，具有教育行为的内在逻辑自洽，这么多年来，她不断探索，没有放弃和满足，在教育田地中耕耘，甘之如饴，逐步实现从自发行动到自觉研究，从经验探索到理性总结的升华。这是她作为班主任的历史记录，也是她追求职业幸福的坚实步履。

感谢丹红老师呈现的与众不同的教育生活。

在这本书中，我们可以读懂生命、读通生命、读透生命。

是为序。

韩似萍

浙江省教育学会德育分会班主任专业委员会会长

浙江省德育特级教师

目　录

第一辑　学生内心须读懂

妙计 1：推心置腹 003

妙计 2：柔情关爱 006

妙计 3：因势利导 009

妙计 4：攻心为上 014

妙计 5：贴心安慰 018

妙计 6：给予地位 021

妙计 7：真诚报喜 024

妙计 8：用心搭台 027

妙计 9：故事移情 031

妙计 10：给存在感 034

第二辑　问题学生巧应对

妙计 11：优点轰炸 039

妙计 12：套套近乎 042

妙计 13：设身处地 046

妙计 14：列小目标 049

妙计 15：成为传奇 054

妙计 16：曲线救国 060

妙计 17：即时反馈 067

妙计 18："驯养"善良 071

妙计 19：宽容疗法 074

妙计 20：擒"贼"擒"王" 077

第三辑　管理乱象巧破解

妙计 21：顺水推舟　*083*

妙计 22：自我批评　*085*

妙计 23：就地取材　*088*

妙计 24：虚拟形象　*090*

妙计 25：幽上一默　*094*

妙计 26：慧眼识珠　*097*

妙计 27：学做大夫　*100*

妙计 28：顺道而行　*103*

妙计 29：举手之劳　*105*

妙计 30：用进废退　*107*

妙计 31：身先士卒　*109*

妙计 32：找突破口　*113*

第四辑　特色活动有奇效

妙计 33：学会感恩　*121*

妙计 34：板报亮眼　*125*

妙计 35：送嵌名诗　*128*

妙计 36：举办个展　*131*

妙计 37：双班委制　*134*

妙计 38：烧野火饭　*136*

妙计 39：签责任书　*140*

妙计 40：女生花语　*143*

妙计 41：亲身体验　*145*

妙计 42：草地书会　*148*

第五辑　家校联合齐助力

妙计 43：真诚沟通　*153*

妙计 44：家长入班　*156*

妙计 45：登门家访　*159*

妙计 46：投之以李　*164*

妙计 47：干预家庭　*168*

妙计 48：多元激励　*172*

妙计 49：亲子课程　*176*

妙计 50：微信讲座　*180*

第六辑　诗歌共吟最滋养

妙计 51：以诗为歌　*187*

妙计 52：赋予灵性　*193*

妙计 53：甜如花蜜　*197*

妙计 54：强化努力　*201*

妙计 55：放大光环　*206*

妙计 56：深情暗喻　*210*

妙计 57：安设岗位　*216*

妙计 58：愿望之力　*221*

妙计 59：捕捉契机　*226*

妙计 60：重磅宣传　*230*

后记　这些年，这些事，这些孩子　*235*

第一辑 学生内心须读懂

妙计/1 推心置腹

真诚地谈心

有一次，学生"揭发"小 Y 骂我，我没计较，并找理由为他开脱。当晚我便详细记录事情经过后贴在了"教育在线"上，边为自己的理智处理庆幸，边为自己如陶行知般伟大的胸怀而喝彩。心中一万遍地设想小 Y 的感激涕零，想象着他因此而改邪归正。好不一阵得意！

一位朋友回帖：这一切只是老师在感动，孩子在故事之外，他心里或侥幸？或得意？或感动？一概不得而知。

一语惊醒梦中人。

陶行知说："让学生感受你的爱，享受你的爱。"那我的爱，小 Y 感受到了吗？不会是瞎子点灯——白忙乎了吧？

走进孩子的内心，聆听孩子的声音，成了我最关注的事。

鉴于面谈他可能不说真心话，我翻开了他的收获本窥探他的内心。只见他在"每日一记"中写道：娟新她们诬赖我骂老师的事，我太惊心了。幸亏许老师学过心理学，聪明，不信我会骂她，不然，那该怎么办呢？

果真，他只是心存侥幸，压根儿没感受到一点点我对他的爱。

心与心的沟通，始于在楼梯口的一次偶遇：

"小 Y，你感觉老师关心你吗？喜欢你吗？"我单刀直入。他红着脸，抿着嘴。在我的鼓励下，好久他才道出了心里话："老师，我感觉你对我有意见，不喜欢我的。"

不否认，因他的字太丑，每次作业我都要提醒，心情差时免不了呵斥他几句，造成了他对我的"误解"。

他感受不到我对他的关爱，那我所付出的努力不是付诸东流了吗？怎么让他感受到我对他的爱呢？"假如有两位同学告诉你，某某骂了你，你会怎么样？"我让他移情。他不好意思地说："那我就抡起拳头拼命地打他。"

我情不自禁地笑了下，说道："小Y，老师也只是一个平凡的人，很脆弱，当时也很生气，甚至也有点相信娟新的话，但是我没大发雷霆，纯粹因为我喜欢你，才在同学面前给你台阶下。"他一副惊疑的样子。

"不信，你看看我写的文章。"来到办公室，我打开了"教育在线"，他认真看着，脸红一阵、白一阵，想必是各种滋味齐聚心头吧。

而后，恢复了谈话。"看了老师的文章，你有什么想说的吗？"我轻声细语地问。

"老师，谢谢您！我太感动了！"眼泪静静地顺着他的脸颊往下淌。任教他两年，无论怎么批评，他可从没掉过一滴泪，充其量只是低着头，红着脸，嘴巴一翘一翘，欲言又止的窘相。

"别哭了！现在能体会到老师对你的爱，我也欣慰了。"我拿出了纸巾，让他拭泪。

"小Y，你对老师有什么意见吗？再提提，老师虚心接受！"

"没有！我不知怎么的，一回到家就控制不住，写字潦草马虎。以前一直以为老师您不喜欢我，现在体会到了您对我的爱。谢谢您！"

"是吗？你这么聪明的人，老师怎么会不喜欢呢？只是一看到你的字，老师的心情有点控制不住。请多谅解。"

"老师，请您原谅我，我以后一定把字写好。"小Y嘴唇一翘，似乎下了很大的决心。

自那天起，上课的时候他发言更加积极了，字也竭力写得端正，以一个崭新的面貌出现在大家面前。

当我们默默地为学生付出不祈求感动时，教育的效果可能是要打折扣的；当我们苦口婆心教导孩子时，他或许只是觉得啰唆；当我们红脸训斥时，他或许在偷偷憎恨……苏霍姆林斯基说：一个老师最主要的任务就是要培养孩子敏锐的感受力。

感受到老师对自己的爱，是一种幸福。老师的期待，老师的关爱，犹如一盏明灯，点亮了孩子前进的道路；老师的爱，犹如黑夜里的星星，让孩子的心中洋溢着温情；老师的爱，恰似冬日里的太阳，照射在孩子的身上，温暖无比。

静静流淌的泪珠，正拨动着孩子最脆弱的那根心弦，温柔地抚弄它，柔润它，让一颗孱弱的心与你的脉搏一起跳动。那一刻，心灵相通了。

带班锦囊 >>>>>

放下班主任的架子，去掉身上披着的坚硬的外衣，怀揣真情和真诚走近孩子，将我们的爱心贴近孩子的心灵，推心置腹地与孩子进行心与心的交流，把我们的爱告诉他，也把为师者内心的挣扎和无助告诉他，让他体会，让他感受，让他感动。这将比批评来得更有效，比你的默默关爱，更能触动孩子的心灵！

推心置腹地谈心，最好做到：

（1）态度是诚恳的、真挚的，脸带微笑。

（2）谈心时要找合适的场所，较为私密的地方，孩子才会敞开心扉。

（3）与孩子谈心时，要放下面子进行自我批评，同时把自己的挣扎和无助也告诉孩子，让他明白班主任的为难之处。把爱说出来，与孩子心心相印。

妙
计／2 柔情关爱

走进学生内心深处

又一个周六，我伏在桌上，静静地读着家校联系本上的家长反馈意见。"许老师，谢谢你！我的小孩在家里表现很乖，一回家能够帮着大人养蚕，采桑叶，做作业也很自觉，从不需要我们督促。每次考试在 95 分以上。我们家长很满意……"

谁呀，在家表现这么乖，还能帮着做家务？我急忙翻到前面，小超？天哪！一下子，我简直眼冒金星。一个考试从来都只有五六十分、回家不愿做作业的懒惰分子，一个爱打游戏机、屡劝不听的顽固家伙，竟说他每回考试在 95 分以上，莫非是他自己……

为了立刻弄明真相，我拿着家校联系本，急匆匆去教室喊出了正上英语早自修的小超。在走廊里，我压低声音："你怎么回事？谁写的？"小超低着头，漠然地说："我姐姐（已出嫁的表姐）写的，我说，然后她写。"

我不露声色，把他请进办公室，翻开成绩记录本，指着他一连串的及格线上下的成绩，平静地问他："你说说看，到底怎么回事呢？"他低着头沉默不语。

为了解决农村留守儿童的作业问题，我建立了同村小伙伴互帮互学的模式，让他每天放学后去品学兼优的小萍同学家做家庭作业。他为了躲避小萍，多次借故留宿在离校很近的表姐家。这件事小萍已向我反映过多次了。

"要不，先把你姐姐叫来，说说清楚！"我挺直了脖子，一改以往的温柔。

"你姐姐在家吗？"我问。好不容易，他挤出几个字："我不知道。"

这孩子到底怎么回事呢？他的家庭到底是一个怎样的家庭？明明考得这么差，为什么妈妈却一点都不知道呢？……在我的脑海中，一个又一个的问题盘旋而来。

我连忙打电话到他家，那边传来"您拨打的电话为空号"的提示声。我打他爸爸的手机，简单地反馈了情况，让他或妈妈马上来校一趟。他爸爸应允说马上来。

可是，一等再等，一直等到11∶30，家长的影儿没一个。我被小超爸爸放了鸽子。

该放学了，我走进教室，一声不吭地在黑板上写家庭作业，然后阴沉着脸，说："小超，你家长不来，今天你甭想回家。小萍你帮我跟他家长说一下。"

回到办公室，我尽量控制自己的愤怒，让小超用我的手机继续给家里人打电话。他打了一会儿，说："妈妈的不通，爸爸的不接。家里的电话没话费了。"

"你爸爸怎么回事？我给他打电话，让他来或转告你妈妈，怎么到现在还不来？小超，你告诉我你家里到底怎么了，看看许老师能不能帮你。"

一行清泪沿着他的脸颊缓缓地流了下来。教了他三个学期，可从没看过他落泪。他低着头，抽泣着轻声告诉我："爸爸在外头有女人了，经常不回家的，妈妈带着我住在爷爷奶奶那。妈妈经常要上夜班，我也难得碰见她……"

啊，真的吗？怎么会这样？太意外了。我经常与他妈妈联系，可是他妈妈从没流露出此方面的信息。家长会上我是发现他爸爸特年轻英俊，可我从没想到这种状况。原来小超承受着如此巨大的心理压力和创伤。一种深深的愧疚之情从我的心底油然而生。作为他的班主任，我只知道他沉默内向，软硬不吃，不知悔改，为什么我从没找他好好地谈谈心，从没真正地走进他内心深处，去关爱他，帮助他？为什么我不上门去家访，了解一下问题的症结，而只是一味地抱怨他呢？我算什么优秀班主任？可怜的孩子，独自一人承受了多少的苦痛啊！

"那你以后就争气一点，不要像你爸爸那样不负责任。好好读书，有个好的工作，将来好好照顾你爷爷奶奶妈妈，为他们争光。知道了吗？甭去想你那爸爸了……"我与他聊着，声音中充满了愧疚，语调温和了。

"知道了。"他点点头说。

"那你今天先回去吧，周一叫你妈妈来，我再与她交流一下。"

他走了没多久，他奶奶来了。从老人家的口中，小超说的情况得到了证实。家丑不可外扬，我虽经常与小超妈妈电话联系，但这种事，毕竟不好与老师交流。我理解他妈妈的难处。

家庭的不健全造成了孩子心灵的不健全。任何一个问题孩子的背后，都有一个不健全的家庭或不正确的家庭教育方式。我豁然明白，此话多真切。

周一，小超的妈妈来到学校，我与她在走廊上开始了坦诚的聊天，告诉她，不管怎样，别荒废了孩子的学业。

从那时起，我时不时地陪小超聊天，鼓励他，宽慰他，关爱他，渐渐地，笑容挂在了他的脸上，学习成绩也一天天在进步。

带班锦囊 >>>>>

这是十年前我班上一个孩子的故事。那一幕时常在我眼前闪现，也时时提醒着我：做班主任，难免会面对后进孩子的棘手问题。当一个孩子最不可思议之时，往往是他最需要关爱之时。这时，我们首先要多问几个为什么，了解问题背后的原因是什么。

（1）先不要急着发火。不要总以指责的口吻教育或训斥他。

（2）要想尽办法走进家庭，了解家庭。以一颗真诚的心，与家长进行沟通。许多时候，家长对我们老师持戒备之心。只有真诚沟通，让家长坦然面对老师，才有助于我们更好地引导孩子。

（3）让柔情淌进孩子的心灵。给他温暖，关爱他，鼓励他说出心中的郁闷愁结，不嘲笑，不讽刺，引导他，帮助他，让他从心灵的阴影中解脱出来，做一个快乐的孩子。

轻解心灵的蝴蝶结

"许老师，小历她不吃饭。"我刚走进教室，立刻有孩子告诉我。原来分饭时，小历偷偷地做数学题，班长记下了她的名字，她闹情绪，不吃饭。

我知道真正的原因：她前一天犯了一点小错误，须写说明书。回家没写，这 200 字说明书被我上升到了 400 字，她心里懊恼。

"我没做。"她边流泪边大声喊。当我询问她的同桌确认她做了时，她还在狡辩："我就是没做，没做就是没做。"她"腾"地站了起来，"啪"地一下敲了桌子，俨然一副凶神恶煞的样子。

"你这孩子这么没教养，算什么名堂！这饭爱吃就吃不爱吃就拉倒。马上打电话请你家长来，这事儿讲讲清楚。"

"打就打。"她嘟哝着跟我到了办公室。

"你怎么回事，以前不是这样的啊？看你今天敲桌子的架势，很老练，你经常敲的吧？"我不露声色地问。

"嗯，是的，有五六次了吧。"她的声音小了很多。

"哎呀！你今天的表现倒把同学吓坏了，这对你成长不利啊，没有朋友可是寸步难行呀。小历呀小历，你这么聪明的孩子，怎么这一点都不知道呢？莫非内心里你藏着什么事情？"我决定先攻她的心。

"嗯。我爸爸，我都好几天没看见他了，昨天终于见到了，他却打我，用脚踢我，我心情特别差，总想发脾气。"她低下头说。

"噢，这样啊，你爸爸在干什么呢？你阿姨（后妈）在吗？"我询问。

"我爸爸经常在棋牌室，阿姨也经常去的，家里总是只有我一个人，我很没劲。"这时的她已没了刚才的嚣张。

我给她电话卡，让她与家长联系。没一会儿，电话打通了，她一把眼泪一把鼻涕地对她爸爸说："爸爸，老师叫你来学校一趟。"我连忙接过话筒，与她家长简短说明了一下刚才的情况。他答应马上来。

"小历，我与你阿姨接触一年多了，我觉得她是最好的后妈了，这么关心你，你应该感到很幸福。"前段时间，我曾与她谈心，她告诉我，与阿姨关系不好，她不接受阿姨，她爸爸曾因阿姨在外面欠了几万元的债，她一直耿耿于怀。记得当时我告诉她："你爸爸不计较的事，作为小辈你也不要计较。"她好像有点顿悟的样子。

当我再次劝她接受阿姨时，她没好气地说："我就是不接受她。"原来，她一直恼恨阿姨把她爸爸的爱夺走了，有阿姨在，她心情就不好。

"那好，等一下你阿姨、爸爸都来，我要把这些话都讲给他们听，怎么样？"我询问她的意见。

"没关系，讲好了。"此刻的她，仍有对立情绪。

我让她先去吃饭。

她爸爸和阿姨来了。我连忙把事情的前因后果说给家长听。她阿姨坐在我前面，直摇头："许老师，不瞒你说，小历在家里，有时候我要朝她磕头作揖，真拿她没办法。"当我问起她爸爸是否打她时，阿姨说已经好久不打了。家长很无奈地向我诉说孩子在家如男孩般吵闹，花钱特别厉害。我告诉他们："孩子进步很快，我从四年级接手到现在，看着她一天比一天进步。关键是她缺少沟通，你们也很少去关注她的心灵，不知道她心里在想什么。"阿姨说："她喜欢与她爸爸在一起，可在一起也没什么话可说的，我不知她在想什么。"

聊着聊着，我很直率地对她爸爸、阿姨说："小历她说了，她不接受阿姨。说阿姨使得她爸爸欠了几万元。我当时做了思想工作，也做通了。不知怎么回事，今天又告诉我，心里就是不接受阿姨。"

"唉，她们俩接触四年多了，在一起几乎没有什么话的。"爸爸无奈地说。谁都知道，重新组合的家庭，孩子不接受后妈将是导致家庭不和谐的重要原因。阿姨说的她总不听，没办法了，阿姨只能求助于老公。又能怎么做呢？阿姨说着说着，眼泪汪汪的。

我叮嘱家长以后多陪陪孩子，尽量少去棋牌室，多关心关心她。至于孩子，我会找她谈心的，她还是愿意告诉我她的心事的。

家长走了，我和小历开始了谈话。她告诉我："我想去找妈妈，这个世界上亲生母亲是最好的。"原来她曾有过离家出走的念头。我分析给她听："妈妈在你四岁的时候就抛下你走了，你说现在还会要你吗？而且，妈妈若要你，还有新爸爸，他会要你吗？倘若在找妈妈的路上，被骗子拐走了，那你小小年纪可能就要在穷苦山区受罪，到时，你哭都来不及了。"

英语老师说："小历，陈老师教了十年书了，见过几千位家长了，只有你阿姨给我发过信息。这么重视你的后妈，比自己的亲妈还要好，你别不知道珍惜噢。"

"小历，你需要你爸爸来陪你，那你爸爸也需要你阿姨来陪啊。"数学老师指责她自私。

办公室里的所有老师都劝导她，一起分析给她听。

"小历，你这样不接受你阿姨，你自己说说看，快乐吗？"我问她。

"不快乐！"她皱着眉头说。

"为什么要给自己找不快乐呢？你刚才也听老师们都分析了，找你妈妈是不可能的，而且你爸爸又很爱你阿姨，不会为了你放弃她，那你现在是没有退路的，只有跟你阿姨好。你试着接受你阿姨看看，肯定会比现在快乐的。而且，你若接受她，给她温暖，她肯定会更加对你好的。"孩子似乎想明白了，不停点着头。

"我们不是刚学过《爱心树》吗？你就如那个孩子那样，不停地索取，而你阿姨一直如那颗大树一样在不停地给予，你觉得你这样做好不好？"她很不好意思地低着头。

"山不过来，我就过去，首先来改变自己。愿意吗？从今天开始，给自己寻找快乐，每天给阿姨做三件事，并且能主动叫妈妈。行不行？"

"行！一定行！"孩子在我的开导下，豁然开朗。她说彻底想通了。

"那你准备一个爱心记录本，每天记录你给阿姨做的三件事，看看你和阿姨之间有什么变化好吗？"孩子乐滋滋地离开了。

自此，我每天都要看看她的爱心记录本。她高兴地告诉我，那天回去就喊妈妈了，妈妈特别开心。孩子每天如数家珍地谈着她的妈妈，述说着母女俩的温馨时刻。

不久，我收到了她妈妈的一封信：

新的一年来临了，我希望一切不愉快的事和她不好的习惯都随着2006年过去。自从小历上次在学校里发生事情之后，我觉得她现在在家里听话多了，也知道做家务了。有时候她看到我们大人很忙，就会问我们要不要帮忙。有什么事都和我们说，现在在家里脾气比以前好多了。知道我上班的辛苦，有时候还不停地问累不累，我真的很感动。

她现在开始叫我妈妈了，这全是许老师你的功劳。我要的这个称呼须是她从心底里发出来的。她上次说不能接受我，现在我问她，她和我说："我是以前不能接受，现在不是了。"我感到非常幸福。希望我们能永远和睦。最后祝您新年快乐！永远年轻漂亮。

其实，很多时候不是我们的孩子不懂事，只是没有人关注他们的心灵，他们的心灵深处有一个纤细的蝴蝶结，等着我们用清风细语融化它，用谆谆教导开化它，用爱心悉心感化它。

带班锦囊 >>>>>

随着社会的进步、开放和更加包容，班里的离异（再婚）家庭越来越多。作为班主任，常常会遇见一些再婚或单亲家庭的孩子。许多时候，再婚家庭的父母并不愿意向班主任说明家庭情况，怎么办呢？

（1）练就一双善于发现的眼睛。尤其从孩子的眼神、神色、心情、习作等方面全方位捕捉信息，多沟通，努力走进再婚（离异）家庭孩子的心灵深处。

（2）当看到班上有孩子与继父（母）关系处理不好时，要想尽办法化解他的仇恨，多引导他站在对方角度思考问题，毕竟，孩子的想法一般比较偏激和幼稚。

（3）机会合适的时候，委婉地跟孩子父母进行沟通，让父母了解孩子真实的想法，做好润滑剂，多陪伴孩子，消融孩子的仇恨心理，让他拥有一个快乐无忧的童年。

妙计 / 4　攻心为上

在心灵上种花

小能是一个能说会道的男孩。

刚接班时，我为他积极的发言、灵动的思维所震撼。课堂上，他口吐莲花，精彩的回答让我情不自禁地给予他"语文小博士""聪明小王子"等称号。尽管前任班主任曾说这孩子世故，可我丝毫不掩饰对他的欣赏和喜欢。

因对孩子们的性情还不熟悉，一开始我让他们暂时按原来的值日表搞卫生，半个月后，我重新进行了调整。出于对他的信任，我给他安排了一个较艰苦的工作——清扫厕所。

新值日表出台后的第三天，他流露出的娇气和懒惰让我有点失望，他居然连续两回跑来告诉我，他扫厕所不行！闻到臭气要呕吐！我告诉他，我已经宣布了，很难更改，再说，搞厕所卫生的一共有六位同学，都是老师最信任的同学。他无奈，只能选择接受。时不时卫生组长来汇报：许老师，我们每次打扫厕所都要请小能，他总不太情愿，慢吞吞的。我连忙去叮嘱他，搞卫生要积极。他嘴上答应了，可搞卫生的时候，还是拖得很。

渐渐地，他的懈怠和得过且过暴露无遗，字写不端正，家庭作业完不成，考试成绩更是不理想，时常排在班级后面。我发觉这是一个只愿动口不愿动手的"口头君子"。他语言表达能力强，上课发言非常积极，但他动手能力明显跟不上，怕吃苦，不能落实到行动上。我多次找孩子爸爸妈妈，与他们交谈。他们告诉我，这个孩子就是怕吃苦。爸爸妈妈也束手无策，正想寻求老师的帮助呢。

渐渐地，他磨灭了我原本对他的喜欢，批评和训斥也开始伴随他了。不知不觉，孩子最大的优点——积极发言，也见不到了。

学期结束时，他因数学、英语差而失去了评选各级优秀的资格，是班上十余名没拿到奖状的孩子之一。瞧着这一群孩子耷拉着脑袋，我有点于心不忍。苏霍姆林斯基说："即便是成年人，当他在智力上付出的努力毫无结果时，也会产生沮丧的情绪，更何况孩子呢？孩子心灵中有一个最隐蔽的角落——这就是人的自尊心，这个角落里的组织是娇嫩的，微妙的，脆弱而又敏感的，很容易受到损伤，更容易变得粗糙起来。"

怎样让这些孩子的心细腻起来？整个寒假我一直在思考。而聪明的小能，自然是我的首选目标。

新学期开学第一天，我找小能谈话。我们从假期作业聊到春节做客，宛如朋友一般亲切自然地聊了将近一个小时。

"小能，没拿到奖状的滋味怎么样？"我问。

"很难受！亲戚们都纷纷问，都说我很聪明，怎么就没拿到奖状呢？我很不好意思。"他低声说。

"这个学期你要好好表现，许老师为你保留着一张奖状！"他听了，重重地点了一下头。

新的学期，各方面将重新进行调整。我询问："孩子们，这值日表需要重新安排吗？"

"不用了！"孩子们异口同声地说。

"小能，你说说看，需要调整吗？"我把目光朝向了他。我知道他上个学期一直对清扫厕所有想法。

"不用的，老师！"他说。

"真不用吗？现在给你们机会，别错过了噢！"我问。

"真不用的！我能克服的！"小能斩钉截铁地说。

"一个人能够克服困难，去干最艰苦的活，那以后无论在哪一个岗位上，都能赢取别人的尊重，创造美好的未来。新年新气象，新年新腾飞，一个崭新的小能矗立在我们面前。真为他高兴呀！"我发表了一番慷慨激昂的演说。在我的带领下，孩子们纷纷都鼓起了掌。他脸上露出了灿烂的笑容。

为了全面帮扶他，我给他调换了座位，让他与优秀生晓芳成了同桌，让晓芳随时督促他，提醒他，鼓励他。我每天更是找机会鼓励他，夸他做得好。孩子果真换了一个人似的，上课的时候，积极发言，每次作业都认认真真完成，最难得的是，打扫厕所每回都抢在前面。

许多同学在习作中纷纷写道：小能的进步真快呀！

……

小能一步一步蜕变着。有一天，我任命他为卫生监督所所长，由他管理所有的值日组长，并记录好每天两次打扫卫生的情况。他尽心尽力地做着。

学校进行卫生大检查，他带领着同学清扫厕所，拿着抹布在小便池边抹了一回又一回，小手指红通通的，但他丝毫不觉得冷。甚至，让他回家，他还坚守在岗位上，不肯离开。这一切我都看在眼里，乐在心头。

"小能平时积极发言、吃苦耐劳，下周将邀请他的家长来学校汇报他在家的表现。"我一宣布，教室里羡慕声四起。小能的小脸如花般灿烂。

他爸爸满怀着激动和感动来到了班里，与班上的孩子们热情互动，时不时夸奖一下儿子的进步……

小能，的的确确在一天天进步。他在作文本中这么写道：

"……谢谢许老师对我的信任和鼓励。她在我的心灵上播下了一颗希望之花的种子，让我觉得自己能行！……"

"教师最细致、最艰巨的任务之一，就是爱护并发展孩子的自尊感，不应当让儿童的劳动成为徒劳无益的事——这就是优秀教师的座右铭。"让我们时刻牢记苏霍姆林斯基的教诲，与呵护和智慧同行，播撒爱心，放大优点，在孩子的心灵上播种、施肥、浇水、悉心培植，直到开花结果！

带班锦囊 >>>>>

每一个孩子都有做好孩子的愿望，哪怕再差的孩子。点燃孩子内心向上的欲望，让孩子觉得自己能行，让孩子的心灵变得细腻起来，孩子才会拥有前进的希望和无穷的动力。文中的小能，善于说，不善于做，缺少一份脚踏实地、不怕脏不怕累的精神。其实，物质生活富裕的今天，带班中常会遇见这样的孩子。

怎么点燃娇生惯养、怕吃苦的孩子的希望之火呢?

（1）要与家长沟通好，争取家长的支持，让家长认同班主任的育人理念。

（2）每天利用空余时间，多与孩子谈心，让孩子亲近你，信任你。

（3）找到亮点，多表扬孩子，让他对班主任有一种认同感。

（4）安排一个自制力强的好同桌对他进行督促和提醒。

如此内援外助，攻心为上，便可唤醒他前进的动力。

妙计/5 贴心安慰

"没关系，谁都会犯错"

午休时，刚踏进教室，班长马上对我说："许老师，小伟和小超没有去上音乐课。""他们都已经两次没去上了。"立刻有同学补充道。

"唉，又是这两位！"前一天才刚表扬过，怎么又出状况了？

我怒目圆睁，刚张嘴想训斥小超，瞧见他耷拉着脑袋的样子，遂而一想，这班上的"反动分子"也够可怜的，时常受老师呵斥、同学嘲笑。平时，我也在构思和酝酿，如何来关注后进生的生存状态。他们为什么不去上音乐课？按理说，这音乐课应该是很享受的一节课呀？……我很好奇。

我想把事情了解清楚了再说。一看小伟吃中饭还没来，我轻声对小超说："等小伟来了，你们一起来办公室，许老师了解一下情况。"小超点了点头。

五分钟后，我正在专心批阅作文时，只听见两声低沉的"报告"声。他俩来了，局促不安地站着。此刻，他们俩的心情一定如十五个吊桶打水——七上八下吧。

我朝他们两个微微一笑，连忙拉过来两把椅子，让他们坐下。

"为什么不去上音乐课呢？肯定有原因，能告诉许老师吗？"

"我没有完成陈老师布置的作业，怕她批评，所以没去。"能言善辩的小伟说道。

"我也是！"小超紧跟着说。

"音乐课也有作业？布置了多少作业呀？很多很难吗？"我很好奇。

"也不是的。我只是忘记做了。"小伟说。

"能拿来给我看看吗？"我用商量的口吻说。

随即，他们就拿来了音乐书。我看了一下，作业确实不难，他们也已经补上了。

"那你们自己说说看，这件事你们有什么过错吗？"我心平气和地说道。

"许老师，我知道错了。我不应该不去上音乐课，这还影响了我们班的声誉。"小超低着头说。小伟也知错地低下了头。

"没关系的，谁都会犯错。重要的是怎么来弥补。"我微笑着说。

沉寂了一会儿，小伟说："许老师，我愿意向陈老师道歉，并保证不再发生这样的事。"

我压根儿没想到被我开玩笑称为"六四（604班）七魔"之首的小伟竟说出这样的话，我抑制不住激动，紧紧握住了他的手："很好，像个男子汉，掷地有声，我欣赏！"

"许老师，那我们马上去！"沉默寡言的小超在小伟的带动下，话也多了起来。

"好的！你们去吧。"

随着两声"许老师，再见"，他们跨出了办公室向求真楼走去。

此时我的心也沉静了下来。若刚才我脸红脖子粗地一顿训斥，效果又将如何呢？回报我的也许是一脸的茫然，也许是那种破罐子破摔的倔强，也许……

带班锦囊 >>>>>

当孩子犯下错误时，班主任首先不要忙着生气，要凝气敛神，内心里多问几个为什么，想想孩子为什么会犯这个错误，背后有什么原因。

（1）班主任要心平气和地分析原因。

（2）班主任要有豁达的胸襟和平和的态度。

"没关系的，谁都会犯错"——这一句话，向孩子传递的是一份理解，一份宽容。当孩子犯了错误之后，内心早已充满惶恐与不安，等待着批评与训斥，而面对这样的充满温情与理解的话语，孩子的内心会颤动，只要不是原则性的重大错误，他们会主动陈述原因并改正。

　　不论孩子，还是大人，心都是肉长的。充满温情的话语，可以慰藉孩子的心灵。孩子亲其师，方能信其道。

妙计 / 6　给予地位

拨响心灵的琴弦

曾看过这样一个故事：

一个小男孩生他妈妈的气，冲她大声嚷道："我恨你，我恨你！"因怕挨妈妈骂，他跑出了家门。

他跑到山谷中又大声地嚷起来："我恨你，我恨你！"远处传来了四声"我恨你，我恨你！"这是他有生以来第一次听到回声，他很害怕，就回去找妈妈，寻求妈妈的保护。他说，山里有个坏孩子冲他大声喊："我恨你，我恨你！"

妈妈一听就知道是怎么一回事，于是让儿子再回到山谷，大声喊"我爱你，我爱你！"小男孩喊了，并听到了回声"我爱你，我爱你！"

生活就像回声，你付出爱，才能收获爱。

班上的小凯，是一个鲜有父母的关爱的孩子，小时候被寄养在乡下，现在与姐姐一块儿住奶奶处，父母皆在外地工作。据说，以前他整天骂人打架，是一个风云人物。他喜欢惹是生非，喜欢喊别人的绰号，倘若惹火了同学，打架却总吃败仗。刚接手他们班时，他几乎天天进办公室，常常一把鼻涕一把眼泪地哭诉，满腹委屈的样子，令人哭笑不得。

怎么办呢？我谆谆教导，经常找他谈心，与他建立了融洽的关系，然后与他分析吵架因何而起。好多次，他边抽噎着边告诉我："我是觉得好玩，与他们说说话，喊一声绰号，他们就来打我了。这些人都对我不好。"这孩子总埋怨别人。每次调解好了后，过了一两天，他的老毛病又犯了。

记得有次学校开运动会，他拿交饭钱的20多元去买了玩具后，骗妈妈说钱被同学偷去了。他妈妈、姑姑到学校里来向我兴师问罪。鉴于他妈妈的态度，好心的同事告诉我，以后不要再理这个学生了。我微笑着，不发一言，孩子是孩子，家长是家长，我可不能因家长而耽误孩子的成长。

我一如既往地关心他，关爱他，一直寻找着可以触动他心弦的契机。一次，上语文课，他回答问题比较精彩。"哇，小凯，真想不到，你有如此精彩的口才，真是一位聪明的小王子。"一阵热烈的掌声为他响起来。素少听到表扬的他，特别激动。渐渐地，上课时，他发言变得分外积极，每次我一提出问题，他总抢着举手，并说出个一二三。我拼命抓住他的闪光点，进行表扬，他多次被评为"口才王子""发言明星""超级口才小英雄"等。慢慢地，他在同学当中确立了"语文好"的印象。自信就这样悄悄地挂在了他的脸上，他与同学之间的吵闹比以往少了一点。

某天，我发觉他写的一篇生活作文选材比较棒，以我的眼光和经验来判断，有发表的可能。于是，我帮他精心修改、打印，并告诉他和同学们："小凯的文章这么好，肯定能发表。"同学们吃惊不已，他也将信将疑。很长一段时间里，他常跑来问："许老师，我的文章发表了吗？""以许老师的经验，绝对能。你耐心一点！"我安慰着他，但其实心中也没底。

半年过去了，一直没有音讯，这事也给淡忘了。

某一天，收到了《作文评点报》的样报和30元稿酬，当我把报纸和钱交给他时，他喜不胜收，同学们投来羡慕的眼光。

他当时激动地告诉我，当初他告诉姐姐，老师说他的文章可以发表，姐姐笑着说，若他的文章能发表，天都要塌。没想到，还真发表了。他太兴奋和激动了。

文章的发表，使他在班级中赢得了"小作家"的称号，令同学刮目相看。"小作家"的称呼被我和同学们常挂在嘴上，他变得分外自信，与同学之间的吵架、骂人现象越来越少了。

某天中午，他说要回家拿三块钱。我连忙问干什么用，他告诉我他肚子痛要上医务室买药。我赶紧借了他钱，嘱咐他第二天再还。

第二天早上，晓义来还的钱，说小凯因肚子痛不能来上学了。我急忙询问原因，原来课间与小杰吵闹时，被野蛮的小杰踢了一脚，因我总是表扬他上进，他不好意思来对我说，同时也阻止同学来汇报。他说："我又这样惹事了，许老师会担心和难过的。何况，今天是我不对，你们千万别去告诉老师。"

听着同学转达的一番话，我很感动。多懂事的孩子呀，我立刻打电话询问了情况，原来是他的胃病发作了，没来上学。听着甜甜的"许老师，谢谢你的关心，我已经不痛了，你放心吧，再见"，一阵暖流轻轻地涌过。

带班锦囊 >>>>>

教育是什么？第斯多惠说，教育的本质在于激励和唤醒。如何激励呢？这往往是摆在我们每一个班主任面前的一个难题。

教育的契机，其实无处不在。

（1）我们要拥有一双善于观察的眼睛。

（2）我们要拥有一颗善于思考的心灵，一颗充满爱意的心灵。

（3）寻找教育和引导孩子的契机。

上文中的小凯有一次发言很精彩，我大张旗鼓地表扬，让孩子内心洋溢温暖、产生自信。我还利用他一篇选材好的习作，帮助他精心修改，积极投稿或参赛。倘若文章能被刊登发表或获奖，让孩子成为"小作家"，对孩子来说，将是一种无穷的力量。小凯拿着刊登了他文章的报纸激动得一塌糊涂，自此爱上了语文课，爱上了学习……

给孩子以尊严和地位，让他抬起头来，扬起自信的风帆，勇敢地前进。

‖我的故事‖ >>>>>>

幸福在心灵里绽放

第三单元的检测，全班鼎鼎有名的"三只羊"（老师们对三位姓杨的后进孩子的昵称）之首——小涛，取得了 84 分的好成绩。也许于旁人，这微不足道，可于他实属不易。那端正整洁的字，一笔一画工工整整，赢得了前任老师的啧啧赞叹。

刚接手时，小涛沉默寡言，一翻开他的作业，乱糟糟的字，犹如一只只大大的蚂蚁歪歪斜斜排列着，惨不忍睹。重抄，重写，成了他的一个不变的主题。同学与他无关，发言与他无关，只见他每节课愁眉苦脸待在座位上，补家庭作业，订正作业，重做作业。乍一看，忙得不亦乐乎，实则握着笔在座位上"磨洋工"，等时间，熬到老师下班，熬到天色已晚，熬到老师没耐心放他回家。一日复一日。

与家长联系反馈情况，请求家长发挥监督作用，让其认真完成家庭作业，家长口头应允。第二天，"涛声依旧"。

某天晚上，我又打通家长的电话，告诉他爸爸，我将到他家上门家访，共同商议教育孩子之事。未料家长推却说，每天下班总是很晚。在我的请求下，他爸爸答应抽个时间来校一趟，可总不见其踪影。打电话时曾让妈妈也接听一下，谁知电话那边咕哝道："叫我听吗？听什么呢？"居然有如此不重视孩子教育的爸爸妈妈，你们这么辛苦地赚钱，是为了什么呢？

一直以来成绩不尽如人意，孩子破罐子破摔，家长早已失去信心。在无法依靠家长的情况下，留给我的只有一条路——无条件地鼓励孩子，让他品味到学习的快乐，激发他的自信心和学习积极性。

我努力地寻找着表扬孩子的切入点。某次他又因作业不认真需重写，我手把手地演示，果然，字变漂亮了。我大张旗鼓地表扬："瞧，小涛的字多漂亮呀，简直是一位小小书法家。"我让他把本子放在胸前，一一展示给其他孩子看。孩子们发出了一阵阵赞叹声。笑容第一次悄悄挂在了他的脸上，我看到一道光芒从他的眼睛里一闪而过。

为了让家长也树立起信心，我给他妈妈的手机发了信息喜报，让她分享孩子的进步。尽管，信息如肉包子打狗——有去无回，但我不泄气，依然鼓励着孩子，依然时不时地向家长报着喜。

渐渐地，发现他读课文顺畅了，课堂上开始回答简单的问题了。孩子自然受到了不少表扬。时不时，孩子处于反复之中，但我从来没因他暂时的退步而停留表扬的脚步。我不停地对他说："小涛，你行！你真能干！你是老师的骄傲！"

苏霍姆林斯基说："越是成绩不好的孩子越是应当多读课外书，每一本书，每篇文章，都为读者展现出一个崭新的天地，使他们开眼界，长见识，受熏陶。智力越是低下的孩子越应当多为他们打开一些认识周围世界的窗口——其中一个很重要的窗口就是书。"为了启迪他的思维，培养他爱看书的习惯，我送了他一本《成语故事》，教导他要多看课外书。某天，小组长小杰兴冲冲地说："许老师，小涛很聪明，我们一起背古诗，他背得最快了，竟然用时十分钟不到。"一句话，让我瞪大了眼睛。一直以来，他的智商公认地弱。一年级老师出于一颗仁慈之心，才没让他去参加智商测试。长期以来，孩子暂时的思维落后，让他对自己失去了信心，让家长看不到希望。

他当上了"小老师"，他作为"故事选手"参加"我能行"的班级故事会……捷报频频。N次的表扬和鼓励，换来了他今天的好成绩。我在他的考卷上方，画了三个大拇指，敲了三朵大红花，还张贴在教室走廊的白墙上。我给他颁一张奖状，上面写着：

小涛同学：

　　头脑灵活，思维敏捷，进步神速。

　　被评为：阳光小王子。

中山路小学 401 班

　　孩子拿到奖状，脸如盛开的山茶花般灿烂。

　　晚上，手机铃声骤然响起，竟是他爸爸。"老师，小涛最近的表现怎样？"电话那头传来家长的明知故问。我告诉他："孩子表现很好！很聪明！请你一如既往地配合老师，争取让他能进步更快。"此后，常常得到小涛家长的主动联系。孩子在跌跌撞撞的前进中快乐地成长着。

　　苏霍姆林斯基说："教师要善于在每一个学生面前，甚至是最平庸的，在智力发展上最困难的学生面前，向他打开他的精神发展的领域，使他能在这个领域里达到顶点。显示自我，宣告大写的'我'的存在，从人的自尊感的源泉中汲取力量，感到自己并不低人一等，而是一个精神丰富的人。"

　　我的心底涌起一股甜甜的幸福滋味。

带班锦囊 >>>>>

　　许多时候，一些潜能生的家长对孩子的学习漠不关心，不是他们对孩子不重视，不是他们对孩子的学习不关心，而是孩子一直以来学业上的"不堪"，让他们对孩子的学习已经灰心丧气，不抱什么希望了。怎么办呢？

　　（1）班主任调整好自己的心态。先不要对家长寄予厚望，企盼他们来支持你的工作，你所能做的就是单枪匹马进行战斗。

　　（2）多报喜，多帮助孩子。当孩子有了点滴进步后，及时给家长报喜。报喜的方式很多，可以用电话、短信、校信通、微信报喜，也可以用喜报、奖状等纸质媒介来报喜，要让家长感受到班主任的用心。在一次次的报喜中，家长的心灵会被唤醒，重新燃起对孩子的希望之火，进而慢慢地与班主任携手，全力投入到对孩子的帮助中来。

妙计 8 / 用心搭台

让自信在心灵中传递

来自安徽的小洁，她的认真和聪明，在班上鼎鼎有名。她品学兼优，踏实勤奋，学习成绩数一数二，写作、奥数、英语样样好，美术更是出类拔萃，常常在桐乡市获奖。可就是这么一位优秀的女孩，缺乏自信，胆小又内敛，上课不敢积极发言，说话如蚊子一样哼哼，更别谈什么朗读时的抑扬顿挫了。但凡她一站到讲台上，还没怎么开口说话，已双眼通红，眼泪不由自主地盈满眼眶，她说着说着，便说不下去了，弄得下面的观众一愣一愣的。

我接手以来，并没有沉浸在她学习成绩优异的喜悦中，内心时常为她担忧。我鼓励她，让她不断挑战自我，告诫她，倘若语言表达能力不够，当众不敢言说，即便考上名牌大学，将来也会失去许多机会。我也常常就这个问题与她妈妈交流，告诉妈妈孩子语言表达上的能力和胆量，甚至比成绩更重要。

家长意识到了，孩子意识到了，她暗暗努力着，渐渐地，她上课举手的时刻多了，说话声音比原来也大了些，五年级时甚至还敢来报名参加主持人的竞选了。她在日记中这么写道：淘汰是必然的，可是我敢去报了，那就迈出了勇敢的第一步。

的确，与她自己比，一天比一天进步，可纵向与其他同学比，依然逊色。梅须逊雪三分白，雪却输梅一段香，我常感慨每个人都有他的长处。我很想把她推出班级，可实在因她朗读上的能力不足，一直不敢放她"出山"。

　　某周又轮到我班国旗下讲话了。我决定把珍贵的机会给她——义无反顾地给她。尽管副校长叮嘱，该周学校要进行二星级的督导评估，国旗下讲话要准备充分些。在这样的背景下，我给她这个机会，内心多了无形的压力。

　　放学后，我多次把她留在办公室单独训练，可她一开口，失望总是盘旋而来，声音那么小，放不开，朗读速度均等，没有一点儿抑扬顿挫的感觉。几次，我忍不住质问："你怎么回事啊？怎么连停顿都不知道啊？"常常是我读一句，她跟一句，但还是进步不大——声音放不开，缺乏朗读的抑扬顿挫美。以至于有一天，她自己都打起了退堂鼓："许老师，我不行的。"我斩钉截铁地告诉她："别轻易退出，若这回机会不把握住，那以后就很难找到机会了。命运总是垂青有准备之人。"我让她回家去对着镜子反复训练，把握好机会。她听了我的话后，重重点了点头。

　　周一早上，在离学校不远处的红绿灯那，我看见了小洁的妈妈。她刚把小女儿送去幼儿园，老远就在向我打招呼了。她妈妈说，孩子在家努力地训练了。她妈妈还担心地说，不知孩子会朗读得怎么样，还责怪自己以前把她管得太严了，造成了孩子现今的胆怯，同时也谢谢我给她女儿机会。她对小洁说：若不读好，那就太对不起许老师对你的期望了。

　　到了教室，我让小洁先朗读一遍，与周五傍晚比，有了明显进步。的确如她妈妈所说，在家努力练习了。我鼓励了她，并叮嘱她要学会听喇叭里的声音，控制好速度。她怀揣着我对她的殷殷希冀，走上了台。看着她赢弱的身躯，我暗暗地说：无论她读得如何，等一下，我都要去表扬她。我跟负责国旗下讲话的大队辅导员朱老师进行了沟通，让他鼓励一下小洁。朱老师一口应允。

　　她上台了。慢慢的步伐，透露着一股坚定。她开始国旗下讲话了，我在下面暗暗替她捏了一把汗。虽说速度略慢，但整体过得去。

　　第一天，因忙着示范班和班队课的预练，我没来得及表扬。第二天，我一看见她，连忙称赞："你看，昨天讲得很好啊！倘若退出了，能尝到这种成功的喜悦吗？"孩子听了我的话，甜甜地笑了。

　　单靠我的表扬，还是缺乏力度，该找哪一位老师来接着表扬她呢？我一直在思考着。一天，正好接到美术老师征清的电话，让小洁和小睿去美术室画画。小洁参加了美术兴趣小组，让美术老师也鼓励一下，那不是对孩子很有触动作用吗？我让征清鼓励一下小洁，夸夸她那天国旗下讲话表现出色。征清曾听我说起过她的胆小，知道我在锻炼她，连忙答应了。

后来，孩子在朗读课文、晨诵、上课发言时，一幅自信满满的样子，整个人精神焕发，意气昂扬。我知道，她已经走上了腾飞的道路，自信的道路。

附小洁的一则日记：

12 月 6 日　星期四　雨转阴

每次上语文课，我总是异常兴奋，因为那次讲话，充实了我的内心。

12 月 3 日，星期一，我挺起了背，踏上了学校的司令台，那是一个令人向往的地方。那天我站在上面，望着台下这么多的同学和老师，不免有点紧张。

待同学们唱好校歌后，我庄重地敬了一个队礼。望着下面的观众，我首先致以问候："各位老师，各位同学，大家早上好！我是 601 班的小洁，今天，我国旗下讲话的内容是：不以规矩，不成方圆。"我的声音自信起来。

读完了，走下司令台的时候，我悄悄地问朱老师（大队辅导员）："朱老师，我读得怎么样？"朱老师说："挺好的！"

田家福也说："挺好的！"但也有同学说不好听，或许真的不好听，或许很好。总之，我尽力了。

第二天一早，许老师说我讲得蛮好的，蔡老师也夸了我几句。我真正地感受到了成功的喜悦。正如许老师所说，如果当初我放弃了，那将什么也不能收获，但我珍惜了，尝试了，也就离胜利不远了。

这份喜悦中，有我自己的汗水和努力，也得非常感谢许老师，是许老师给了我这次机会。妈妈也说，这次是许老师偏心，把这么重要的事情交给了我，要我一定要好好地珍惜。许老师还一句一句地指导我朗读。其实，我心里明白，班上朗诵比我好的同学多得多。许老师，谢谢您！（小洁）

我的评语：

你已经迈出了成功的第一步，相信你从此之后，在自信的康庄大道上努力奋发，前途会越来越光明，越来越辉煌！你精彩极了！

带班锦囊 >>>>>

面对胆小、内向、低调的孩子，班主任要大胆地给孩子搭建一个舞台，让孩子在锻炼中快速成长。

（1）精心辅导，用心投入。班主任并非只是搭建一个平台就够了，在孩子到舞台上展示之前，要花费时间和精力，指导他、帮助他进行必要、充分的训练，让其胸有成竹地展示。

（2）及时鼓励，借位表扬。即便展示的效果不那么尽如人意，没有预期中那么好，也要热情洋溢地进行鼓励和赞扬，同时叮嘱几位孩子信任的老师，不露痕迹地进行表扬，让孩子体验到成功的喜悦。

小洁就是在那次国旗下讲话后，找到了她演讲上的自信，敢于在众人面前大胆言说了。她已上大学，那一次美好的国旗下讲话，也成了她小学时最美好的回忆。

妙计/9 故事移情

我最欣赏的学生，居然这么霸道

我还没踏进办公室，品学兼优的小芳走到我的身边，皱着眉头说："许老师，我要求调换座位。那个小能，他经常乱扔本子，而且数学作业我不会做问他时，他拿着本子乱甩，说不知道。反正，很没劲。"

我一听蒙了，他们俩不是相处得很好吗？小能也日益进步着呢，怎么就？……哎呀，这个小能，与这么好的同学都处理不好关系，看他怎么办。

"那你去把小能请来！"我连忙对她说。

"哦，知道了！"她如一只快乐的小鸟飞走了。

小能站到我跟前，我刚想爆发怒气，训斥他一顿，转而一想，我应该静下心来，听听小能的心声。

"小能，你怎么回事呢？小芳说不愿与你做同桌了，说你经常乱扔本子。"我心平气和地问。

"许老师，我告诉你，我的确有时态度不好，可是她老要向我讨要本子呀，铅笔啦，倘若不给她，她就凶得要命！"我一听此话，不敢相信。小芳那可是我最欣赏的学生呀，居然这么霸道？

"真的吗？我觉得不太可能吧！"我带着怀疑的眼神看着小能。

"真的！许老师，她真的是这样的！"小能肯定地说。

噢，我笑了，我想起了自己小时候成绩优异，仗着老师的器重，对同学很是"专横"，不管是谁，都得听我的，有一个同学，还因我对她的排斥疏远而不来读书了。

往往在老师的眼里，学生成绩好代表一切都好，老师的经常夸奖也让他有了一种优越感，以至于他在同学面前不经意间会流露出一种耀武扬威，一种"要风得风，要雨得雨"的强势。往事如歌，我小时候，不正是这样吗？我有一百个理由相信小能没有撒谎。

放学了，我与小芳在草地边开始了"约会"。

"小芳，有同学告诉我，说你常常向小能讨铅笔之类的学习用品，他不给你，你就大发雷霆？"我直奔主题。

"不是的！我不是这样的。"她忽闪着大眼睛，微微嘟着嘴巴说。

"小芳，我来给你讲个故事吧。曾经有一个小女孩，学习成绩全班第一。老师同学都很喜欢她，她想要什么就有什么。面对她的无礼，同学们也不敢去告诉老师，因为老师根本就不相信这么乖巧的女孩会这样。一年级时，有位叫小菊的留级生成绩也很好，她俩平起平坐。到了二年级，没读过新内容的小菊渐渐招架不住了，成绩开始滑坡。自然，随着成绩的下降她在同学中渐渐地丢失威信。有天跳橡皮筋，那小女孩明明没机会了，还硬要跳，小菊实在看不过，指责了她。没想到从此惹火了她，她唆使别的同学不与小菊做伴，疏远小菊，谁若与小菊说话，大家就与谁不说话。小菊成了一个孤零零的孩子。到了三年级，小菊就再也不来读书了。老师请了好几次都没请来。谁也不知道小菊不来读书的原因，唯独那个小女孩心里一清二楚。那么多年来，她一直受着良心的谴责，后悔呀！可是走过的路永远无法重来……"

小芳忽闪着大眼睛，入神地听着，她怎么也没想到，往昔的那一幕幕，犹如绣花针般刺痛着面前这位温柔的老师的心灵。眼泪在我眼眶里打转，我拼命地忍住，才没有落下来。

"告诉你，小芳，那个女孩就是我！直到现在，我依然后悔！"眼泪，还是从我的眼角溢出来。

"老师，我错了，我也常常这样仗着自己成绩优异欺负同学……"她不好意思地低下了头。

"小芳，你是个乖孩子。有错就改，没事的。"我抚摸着她的头。

"许老师，我懂了。人与人之间是平等的，我一定改！请你相信我！"

小芳郑重地对我承诺。

带班锦囊 >>>>>

2016 年沸沸扬扬的校园欺凌事件在网络上炸开了锅。只要集体教育存在，或大或小的欺凌总会存在。怎么办呢?

（1）聆听心声，关注心声。当两名孩子吵架、争论，班主任眼中的好孩子主动"投诉"时，应蹲下身子，听一听弱势孩子的心声。

（2）多方了解，弄清真相。我们是否能用敏锐的眼光，去辨析一下事情的真伪? 是否能不再武断地喝一声"你怎么这么不像话?"……要多问几个为什么，真正了解真相。

（3）故事移情，委婉疏导。请心平气和地与所谓的好孩子进行沟通:可以利用自己的亲身经历，也可以运用名人的故事等，委婉地告诉孩子，不要仗着自己成绩好，受老师、同学喜爱而做一些不美的事儿。

（4）注意跟进，注意观察，以免有"欺凌"再发生。

妙计 /10 给存在感

我的故事 >>>>>>

让暖流从心底汩汩而过

有段时间，每次下班，才刚上车骑到离校门约 50 米处的十字路口时，班上的小英便蹬着自行车，快速地骑到我身边，道一声甜甜的"许老师好！"而后，一路同行。

"你怎么现在才回家？"我常纳闷地问她。

"我今天在等晓金做作业。""我今天扫地。"……各种各样的理由。

天天无巧不成书？我很好奇，反复询问，她才不好意思地说："许老师，我每天特意在等你。与你在一起，好快乐！我可以与你说话，真开心！"

"真的吗？"一阵暖流从我的心底汩汩而过，倘若别的孩子这么说，那不足为奇，可偏偏从小英嘴中说出，我是如此的惊讶和感叹。小英是轻度低能儿，考试成绩是个位数，我五年级时刚接任，教了一年不到。平心而论，我在她身上花的时间并不多，她学习已严重脱节了，根本无法补救。无非，就是平时抓住她爱劳动的优点，多夸奖了她几句；无非，就是告诫同学不要歧视、讨厌她；无非，就是有空与她拉拉家常……没想到我的这些微不足道的举动，引起了孩子心灵的颤动。

那天，我一如既往地与她一路同行着，有说有笑。骑到中山路北港渔村时，突然从我身边骑过四位外地青年。

"许老师，刚才那人举着手，想在你肩膀上拍一下。我朝他看了一下，他就不拍了。"小英急忙对我说。

"真的吗？"我边问边瞧四位风驰电掣的外地人。

"是真的。我看得一清二楚。他原本想要拍你，看见了我，才不拍了。"小英一本正经地说。

中山路，在梧桐镇的北侧，几个高级住宅区正在建造，平时路上来往的外地务工人员很多。又是临近年关，他们都准备回老家了，所以这段时间，抢包、抢劫之事屡见不鲜。那人试图拍我肩膀，估计是对我的包有意思了。看来，她说的是真的。

"那谢谢你了。小英，你是许老师的保护神。"我半玩笑地说。

"不用谢！"她表情严肃。

第二天，还没到中午，她就跑过来特意对我说："今天一块儿回家，老师，我来保护你！"

一声"保护"，听得我略略地笑了。要知道，她虽然才上六年级，但身高 1.5 米左右，体重估计有 65 公斤了，确实有一点"保镖"的样子。

小英把此事告诉了同学。放学后，她和晓金、芳芳一直在走廊上等我。而与我同途的小俊和小彬也在楼梯口等着与我一块儿回去。

于是，芳芳在最前面，晓金和小英在我的两边，两个男生在我的后面。我被保护在了中间。这样的一支队伍浩浩荡荡地行进在中山路上。

一路上，芳芳一个劲儿地问："在哪儿呢？在哪儿呢？"骑到北港渔村时，小英绘声绘色地把那天她看到的情形说给他们听。

"可是，今天怎么一个外地人都没有？"晓金问。

"若天天有，还了得！"我答道。大家哈哈笑了起来。

"许老师，以后我们保护你。"临分别了，他们自豪地对我说。

一天、两天、三天……这样的情形一直维持到了学期结束。

多淳朴可爱的孩子！这五个人，小英为低能儿，两个男生和两个女生都是学习的落后分子，平心而论，虽然我的心里偶尔也会有厌倦，但面对他们表现出学习的茫然时，我更多的是给予一份真心和温暖，不歧视、不谩骂、不急躁，静下心来，温情地帮助。

他们用最真挚的感情、最真诚的关心表达着对老师的爱，我幸福、感动、欣慰。幸福是什么？幸福是冬日的一束阳光，幸福是干渴时的一缕清泉，幸福是夏日的一阵凉风，幸福是学生与你分享的甜蜜，幸福是不经意间学生带给你的关爱和帮助。

漆黑的夜里，星星在闪烁。

"老师，我来保护你！"耳畔时常回荡着这一句朴素的语言。它带给我的是深深的感动，同时时刻提醒着我，每一朵花都有盛开的理由，每一个人都是大写的"人"。把师爱的阳光照亮每一个角落，让每一朵花都娇艳地开放。

带班锦囊 >>>>>>

在带班中，会遇见一些特殊的孩子，比如轻度低能儿，比如成绩很差的孩子……面对先天不足的孩子，该如何做呢？

（1）去除歧视心，消除厌倦心。不要因为他们拉低了班级的分数，或给我们带来了麻烦，产生一种厌倦心理。

（2）身先士卒，真诚地关爱。这一类弱势群体，会遭遇同学的不喜欢，不待见。让我们用绵薄之力去呵护这些脆弱的花朵，找他们多说说话，多聊聊天，多肯定孩子身上的优点。

（3）鼓励他们为班级做事。让他们多为班级做做事，比如搞卫生、为同学发发本子之类的，让他们找到在这个集体中的存在价值。当他们找到了属于自己的位置之后，也就找到了内心的温暖。文中的小英找到了属于自己的存在感后，很亲近我这位班主任，她所说所做的"老师，我来保护你"，就是她对老师发自肺腑的谢意。

第二辑　问题学生巧应对

妙计/11 优点轰炸

我的故事 >>>>>

鼓励：一束永不凋零的鲜花

目前，评价制度的重分数性，致使学习成绩差和行为表现差的弱势学生一直处于自卑之中。他们在学校里既要受老师的批评，又要受同学的嘲笑和讥讽，是名副其实的弱势群体。

因为个体存在着差异性，每个人的记忆力、逻辑思维能力、观察力悬殊，自17世纪著名的捷克教育家夸美纽斯提出班级授课制到今天，但凡有班级存在的地方，就必定有所谓的"后进生""潜能生"。

一名弱势学生的学习经历，其实是一种饱尝偏见、孤独和无聊的经历。"人往高处走，水往低处流。"谁不愿意自己受到别人的重视？谁不希望自己也能在同学面前一展风采？弱势学生的内心深处隐藏着一种痛苦的渴望，渴望理解、支持，渴望上进、赞扬，可是，现实中往往不能如愿。因此，关注弱势群体，应是我们每一位老师，尤其是班主任孜孜不倦的工作。

心理学研究表明，自我评价是外部评价向内部评价逐步演化的过程。来自同伴等外部的评价存在着不可忽视的作用。因此，平时我会注重多鼓励弱势学生，比如在黑板的一角开辟了"前进之星"，让平时名不见经传的学生也能有机会登上光荣榜，接受大众的表扬。为了让班级的弱势群体寻找到自信，我曾在班会课上进行了"温馨对对碰"的活动。

我说："生活处处都是美，需要我们睁大一双双慧眼，去发现美。美无处不在。"我在每个组前面各写上一位平时默默无闻或后进的学生的名字，让组里的成员在纸条上写这些人的优点，可以是一条或几条。若自己在名单中，那就随意选名单中其他组的一名成员。

十分钟后，学生写好了，交给了相应的主人。同学认为最差的后进生的手上都拿着十几张小纸条。他们一个个认真读着纸条，小脸发红。

"小炜，你发言真积极！""小康，你拾金不昧，真值得我学习！""小彬，你的字比以前帅了许多。""芳芳，你真活泼！""小凯，你很乐观，真幽默！""笑笑，你知错就改，现在做组长非常负责了。"

同学们赠送的优点条，我让弱势学生珍藏好，每天朗读三遍。这来自老师和同学的鼓励让他们产生了前进的动力，他们开始品尝学习的快乐，体验幸福，微笑慢慢地挂在他们的脸上。

皮格马利翁的期待效应表明，当一个人受到表扬和期待时，他就会努力地朝着这个方向前进。越是表扬他，他的表现越是出色，于是，受到的赞许就越多。如此良性循环，想不变好都难。

心理暗示是人们日常生活中最常见的心理现象。朱永新教授说，长久的社会暗示，自然形成一种评价定势。你想激励一个学生，就不断地对他说"你行你行你真行"，这样，再差的学生也会逐渐变得越来越行；你想毁灭一个学生，就不断地说他"不行不行你真笨"，这样，再行的学生也会变得越来越笨。期待能让学生充分开发自己的潜能，充分展示才华，从而获取"快乐的高峰体验"。

我班的小康懒惰消极，每天放学后必须留校很久才能订正好作业，因那一周我采取了表扬弱势群体的政策，据同桌反映，大受表扬的他，咧着嘴老在笑，完成作业的速度提高了许多，几乎不用留下来了。放学时，我说："请大家为现在展翅腾飞的小康鼓掌！"他笑得如一朵灿烂的山茶花。小康从没举手的习惯，有一天，我走到他身边，笑着对大家说："许老师把小康的手，从家里的枕头边拿来了。以后，他就会常常举手了。"这善意的玩笑让他再一次咧开嘴巴笑了起来，后来，上课时他总能把手举起来，虽然口齿不够清晰，但终于参与课堂问答了。

每次带班，无论是在乡村还是在城镇，总会遇见弱势孩子：学习弱势生，习惯弱势生，行为弱势生……各种各样的弱势生，总在考验着我们的智慧、爱心。

（1）要拥有良好心态。班主任需要一份好的心态，不怨天尤人，沉潜下来，用热情、智慧、爱心、精心呵护这一些需要修枝剪叶的花朵。

（2）要贴心鼓励。人的进步，无非源于自信心的唤醒。贴心鼓励，对弱势孩子来说，尤为重要。班主任要在语言上、行为上、心灵上通过种种方式鼓励弱势孩子，温暖他的心，让他重拾信心。

（3）要采集优点。面对弱势孩子，我常常让孩子们给他找优点：让孩子站在讲台边，让班上一位位同学站起来说说他的优点是什么，或者让孩子们把优点写在纸条上，收集起来送给他，让他珍藏。

这样的鼓励，会温暖弱势孩子的心灵。孩子最在乎同伴们对他的评价和鼓励。

妙计 12　套套近乎

倾听生命拔节的乐曲

在我的电脑桌上放置着一张弥漫着玫瑰花香的卡片，卡片的背面端端正正写着这些字：

亲爱的老师：

您好吗？

一日为师，终身为母。老师，谢谢您！祝您永远健康美丽！

您的学生：国平

每当我疲倦时，翻开卡片，品读文字，一股暖流从心底汩汩而过。那一幕幕，如蒙太奇的电影镜头——在我的脑海闪现——

那一年，我在家乡的小镇教学。学校第一年搞试点，村小的六年级孩子全部到中心校就学。我被校长光荣地任命为605班班主任兼语文老师。

与孩子们第一次见面，我亲切地自我介绍后，微笑着说："孩子们，今天我们有缘走到一起，成为师生，成为同学，那是因为缘分在冥冥中牵引。我们一起来惜缘，好吗？接下来，我们来介绍一下自己吧。"为了让名字与脸蛋相对应，顺便再检测一下孩子们的表达能力，我出其不意，来了个突然袭击。

在我的指示下，一个又一个的孩子上来自我介绍。

"大家好！我叫×彬彬，今年12岁，来自中群小学。我爱好唱歌、跳舞，喜欢写作。希望同学们能多多关照！"

"大家好！我叫×丽雅，我来自新农村小学，我爱好写作，喜欢主持……"

……

瞧，孩子们一个接一个，落落大方。掌声一阵一阵，此起彼伏。孩子们都竖着耳朵静静地聆听着。唯独在北窗口，一个穿白汗衫的黑黑瘦瘦的时尚小男孩，头上擦着摩丝，时不时地转过头与后面的同学说话。一开始，我紧紧地盯着他看，他发现了，稍微收敛一点。过了一会儿，趁着我表扬其他自我介绍出色的孩子的空隙，他又在悄悄说话了。一看他的穿着打扮，我就知道，这是一枚"钉子"。怎么办呢？来个下马威吗？不，不行！这种孩子，以前在学校受到的训斥想必很多，我在初次见面时来个训斥，那我以后无论用多少招也不管事了。对了，来个反其道而行吧。

"孩子们，你们的自我介绍真是精彩呀，瞧大家听得都非常认真，特别是北面那一排后面的几个男孩，听得耳朵都快竖起来了，特别认真。良好的开端是成功的一半。我相信：我们605班有个好的开始，以后会更精彩的！"一听我这么说，孩子们都朝那里瞅。那孩子意识到我在说反话，不好意思地抿了一下嘴，低下了头，静坐在那里，再也不好意思说话了。

不一会儿，轮到他了，谁知他端坐在那里，纹丝不动。"喂，该你了，你快上去呀。"同桌轻声地提醒着他，可他还是一动不动。此刻，空气如凝固了般，教室里连一根针掉在地上的声音都能听见，孩子们似乎都在等待着，看我如何发话。怎么办？这太出乎我的意料了，居然会有这种事。我真想大声地训斥那个孩子。"刚才不该讲的时候，讲得这么起劲，现在该讲了，却像个已僵掉的葫芦。真讨厌！"这些话在我的胸中上蹿下跳，差点如火山般迸发。不，千万要沉住气，千万别让这样的"钉子户"乘虚而入，我一定要以柔克刚。我呼了口气，努力让自己的声音柔和一点，再柔和一点。

"噢！想必这位同学还没想好吧。没关系，先好好想一下，等其他同学介绍好了，你再来讲好了。讲得好不好，都没关系，关键是让我们54个同学彼此认识一下。我们就先请下一位吧。"我脸上拼命地挤出微笑。

自我介绍有条不紊地继续着，我心里一直忐忑不安。怎么办？倘若最后，他还不愿讲那可怎么办呢？那我不是下不了台吗？我若早点与村小的老师联系一下，调查一下，也不至于处于现在的尴尬境地了。我责怪着自己。要不，等一下他实在不高兴讲，我请曾与他同班的一个孩子替他讲吧。或者，给他找个理由，可找个什么理由呢？就说他嗓子疼吧。

我正思考的时候，很快，其他同学都介绍完了。"接下来，让我们一起用热烈的掌声请出这位同学来为我们的初次见面画上一个圆满的句号吧。"我热情洋溢地说，心里却没有一点儿的底。

一阵掌声响起，哈哈，他终于站了起来，慢慢来到讲台前。"我知道，男子汉就是不一样。有气魄！让我们再一次用热烈的掌声欢迎他自我介绍。"我带头鼓起了掌。

"各位……同……学，大家……好！我……叫…… × 国平，我来自联星……小学，今年 13 岁。谢谢！"噢，有点口吃，难怪他不愿上台了。

"噢！那与许老师来自同一所小学。咱们可是校友。认识你，真高兴，国平！"我连忙伸出手去，握住了他的手。他不好意思地低下头，腼腆地笑了。全班的孩子情不自禁都笑了。

我经常以校友、学姐的身份，与孩子们沟通、谈心。他呢，在这之后变得分外的乖，头发不再擦摩丝，学习非常刻苦努力，成绩慢慢地赶上去了，由刚接班时的 40 来分，上升到了 80 多分，甚至 90 多分，原来的同班同学甚至原来的班主任特别诧异他的变化。他还常常在作文本上写满对我的感谢和喜欢之情，诉说着第一次见面时，我给他捎上的温暖。他说，他是因为遇到了我这样温柔善良的老师而下决心好好努力的……

多年来，我一直珍藏着孩子送我的卡片。我庆幸自己是老师，可以用爱浇灌每一朵花，惬意地聆听花开的声音，倾听生命拔节的乐曲。爱，在诗意中馨香。

带班锦囊 >>>>>

面对初次见面表现"异类"的孩子，老师最喜欢采用的招数就是给他来个下马威，企图让他不敢"胡作非为"。其实，这样的做法，太有冒险性。

也许，他表面上服了你，内心并没真正认可你。应该怎么做呢？

（1）杜绝讽刺和嘲笑，以宽容的心态，让他暂时先缓缓，给孩子一个心理上的缓冲期。

（2）别有匠心地编一些与孩子亲近的理由。比如，以"我们同为校友呀""你的姓或名与我一样呀""你的姓与我妈的一个样，所以我觉得分外亲切""哇，你妈妈与我的一位朋友是好朋友呀，难怪见到你感觉这么亲切"等理由，在轻松的氛围中去与他套近乎，让他觉得老师可亲可爱。

（3）经常聊天、谈心，让他感受到老师对他的关心和爱护。人会因为被认可而分外努力，孩子也不例外。

妙
计 / 13　设身处地

聆听花开的声音

刚走过传达室，老伯喊住了我："许老师，你有一封信，是一个初中小姑娘送来的。"他顺手递过一个红色尼龙包装袋，打开一看，一张贺卡，四个单独包装的月饼静静地躺在那里，仿佛甜甜地朝我微笑。

我拿起卡片，细细端详，一行字歪歪扭扭：许老师，你好，好老师你辛苦了！小英。

小英？小英给我送月饼来了？我兴奋异常，往事一幕幕浮现在了我的眼前——

两年前，我刚到这里，新接手一个五年级班级。第一天见面，就被班上一位其貌不扬的女孩吓了一跳：她，超短的头发，皮肤黑，胖胖的大脸，两个门牙特别的大，眼睛眯成了一条缝……点名时，才知她叫小英。一到办公室，问起同事才知道，原来她智力有障碍，考试成绩不用计算在内。

新组合的班级捣乱顽劣的男生很多。小伟是一个喜欢欺负同学的男生，小英自然是他的首选对象。她的泪水总能引起这群傲慢男生的哄堂大笑。某天，我走进教室，听见一阵哄堂大笑。小英正一把鼻涕一把眼泪地反击，可哪是众人的对手。看见我进来了，男生们一个个回到了座位上。在我的盘问下，小英断断续续地诉说了事情的原委。我毫不客气地说："人与人之间是互相平等的。学习成绩差难道就要遭受嘲笑和欺负吗？"在我的严词斥责下，小伟向她鞠躬道歉，连说三声"对不起"。小英破涕为笑。

我发现小英除了学习成绩奇差，严重脱节（因成绩不计算在内，她不需做作业，上课时静静地玩，或趴桌上睡觉），其他的并不见得多差，语言表达能力很强，也很爱劳动，常常一个人悄悄地帮助搞卫生。我经常表扬她劳动积极，也呼吁其他学生不要歧视她。

渐渐地，我看出了苗头：女生都不愿与她走一块。调查后才明白：她平时很少洗澡，天一热，汗臭阵阵。同学嫌她臭，故避而远之。我一边叮嘱她经常清洗，一边教育其他学生。我想当然地以为：在我的谆谆教导下，孩子们已友爱多了。工作的繁忙，使得我没有过多过问她的生活状态。

突然一天，我发现男生歧视她到了令人不堪的地步，连做早操排队，都不愿和她一队。再深入地调查，顿惊：若两男生争斗，会把输者推到小英那儿作为惩罚，甚至只要她一从身边走过就大骂她滚开……

作为一名班主任，我觉得很失职，对于学习落后生，我可以付出那么多的时间和心血，为什么不能花一点点时间，去关心小英呢？仅仅因她考试不计成绩，我就可以放任不管了吗？她也是一朵花，只是一朵先天缺少了营养的花，她更该得到更多的阳光雨露。

我连忙召开班队干部会，号召全体班干部首先关心她，组织了一次隆重的"假如我是小英"的班队活动，让孩子们设身处地体会她的痛苦和无奈。

后来，我成了她的好朋友。每每课余饭后，她常常找我聊天，放学了，总是约我一起回家。笑容渐渐地挂上了她的眉梢。

一天傍晚，她在走廊上一直等着，看见我走出办公室，连忙迎上来，低着头，脸红红的："许老师，我来了。"

"来了？什么来了？你妈妈从老家回来了？"我丈二和尚摸不着头脑，以为她妈妈从四川老家回来了。

"不是的。诺，就是那个。那个呢。"她的头更低了，脸更红了，一只脚不停地朝前踢着。此刻，我才回过神来，明白了怎么回事。前不久，我专门上了一节生理卫生课，我所说的"倘若哪位女孩来月经了，那我们要恭贺她长大了"给她也留下了深刻的印象。

"哇，小英，祝贺你，祝贺你长大了！"我握住了她的手说。"谢谢许老师！"害羞的红云爬上了她可爱的脸蛋。原来她一直等到五点半，一直在走廊上等我下班，是特意来告诉我这件事，让我分享她成长的快乐……

我轻轻地咬一口素来并不爱吃的月饼，一阵甜甜的滋味从我的嘴里荡漾开来。还有什么比这更令人欣慰呢？从教十余年来，所有的懈怠和疲倦在这甜甜的滋味中一扫而光。

伟大的教育家陶行知先生说："爱满天下。"每一朵花都有盛开的理由，把爱毫不吝啬地撒向每一朵需要灌溉、培植的花朵，聆听每一朵花开的声音，是一件多么惬意的事！

带班锦囊 >>>>>

做班主任，要想度己达人，真不是一件容易的事。公办小学，常会遇到轻度智力障碍的特殊孩子，该怎么办呢？班主任要拥有一颗澄净的心，别老想着这样的孩子拉低了班级分数，给自己的教学成果抹了黑而唾弃他。要将心比心，以"若他是我的孩子"的态度，真心悦纳他。

（1）多在同学面前表扬这样的孩子，并在全班开展"如果我是某某"的体验活动。

（2）借助写作、班会活动等形式让孩子们设身处地体会同学的难处。只有当孩子们学会了照镜子，将心比心，才能体会到同学处境的艰难和困苦。

（3）利用各种渠道，争取取得家长的全力支持。当有孩子在家取笑某位同学时，家长的及时制止、正能量的引导很有必要。

（4）班主任带头关爱，给孩子们树立一个榜样。言传身教永远比一味教导更有影响力。

妙计 14 列小目标

我的故事 >>>>>

扬起孩子前进的风帆

晴晴是我班叱咤风云之榜首人物，他活泼好动，不守纪律，爱与同学吵架，喜欢拿别人的自动笔，不认真做眼保健操，爱说脏话，一上体育课，如脱了缰绳的野马，一说做作业，发蔫……每天在他身上，有演绎不完的"精彩"，处理不完的"糟糕"。

为了更好地了解他的性格成因，我给他做了一个早期童年测试：

（1）3岁的时候在奶奶的三轮车里，摔了一跤，骨折了。

（2）5岁的时候，玩遥控飞机被飞机打到了脸，脸被划破了。

（3）6岁的时候，我和爸爸妈妈去沟里捉小龙虾，我不小心滑了一脚，掉进了沟里，妈妈马上把我拉了起来。

（4）一天，我和爸爸妈妈去公园玩，湖水结冰了，我看见爸爸妈妈在看别的地方，就悄悄地到冰上去，后来我掉进了湖里，妈妈马上把我拉了起来。

看着他这四件童年印象深刻的事，我不由得陷入了深思。一个人的童年早期表现，将决定他的性格走向。摔跤、脸被划破、掉沟里、掉湖里，全是那么糟糕的回忆，这孩子不正是一个标准、地道的小毛猴吗？

从早期记忆就可看出，这是一位强烈动作型的男生。难怪，每一回奶奶来接他，说起他的不听话，可以用"咬牙切齿"四个字来形容。每回与他爸爸爸妈妈交流，听到他爸爸妈妈说得最多的就是自己的孩子从小爱吵闹，不听话……王晓春老师说，早期童年记忆，可以看出一个人的非智力因素。看这孩子的这份早期记忆，我深深地理解了，带这样一位好动孩子的不容易，他爸爸妈妈爷爷奶奶的不容易。孩子在家已是严重的失控状态了。

王晓春老师说，教育不是把桃树变成柳树，而是让桃树变成好桃树，柳树变成好柳树。这么调皮的一个孩子，绝对不可能变成静如处子的孩子，这是违反教育规律的，也是不可能实现的梦想。我非常坦然地接受了他，对于他的好动和调皮，我不再苛求。

记得上《难忘的泼水节》时，我让孩子们边读边表演。他居然拿下脖子上的红领巾围在了头上，扭动屁股读课文，引得全班同学哄堂大笑。我没有批评他，轻轻走到他身边，摸摸他的头，他就微笑着取下了红领巾。

这么一位集许多缺点于一身的孩子，却对搞卫生情有独钟。每一回的劳动，他是那么积极和认真。所以，他被我任命为我班的卫生负责人，和潘龙一起，主管我班的卫生工作。

换一个角度，蹲下身看一看这个孩子，我分明感觉到了他身上还是有可爱的一面的。

不可能一口吞进一只大老虎，我要慢慢地一个一个地让他改掉那些坏毛病。先从什么地方下手呢？我开始了思考。

咦，怎么好久没有同学来投诉他爱说脏话了啊？

说起这事，我可有一肚子的苦水要倒。上学期期末，孩子爱说脏话达到了"疯狂"的程度，时常有同学投诉他口吐脏言，还经常说某某与某某一起去洗澡之类的不三不四的话。美术老师小姚有一天课后向我反映，他画画时给一女老师画了一只胸罩，再联想到一年级体育老师反映孩子爱露小鸡鸡给同学看……孩子的心理健康吗？这引起了我的高度重视。我多次悉心询问，孩子才告诉我，幼儿园时爸爸妈妈不在家，他看到了不该看的碟片，看到了男人和女人正在洗澡的画面，从此，这样的画面常常在他的脑海中放映，不说出来很难受，一说出来就很兴奋。听着孩子的真心话，我不禁责怪起家长来：唉，怎么会有如此疏忽的家长啊。

我与孩子妈妈联系，让妈妈多关注孩子的心灵，多与孩子交流、谈心，关注他的心理健康。

问题的根源找到了，接下来，我就开始对症下药。

我先调整好自己的心态，控制好自己的情绪，当孩子出现不良的状况，需要我处理时，尽量减少或避免对他的责备和训斥，多倾听他内心的声音，缩短师生间的心理距离，让他在感情上向我靠拢，以取得他的信任。

为了走入他的心灵，我时常趁空余时间，找僻静的地方，或走廊里，或电脑室里，或操场上，或教室后面的大石头上，与孩子沟通、交流，舒缓孩子的心情，释放孩子的紧张，毕竟孩子也知道，说不文明的话，同学老师是不喜欢的。有一回陪他聊到了六点，还送了他一本书……

新学期开学整整一个月，没听见过同学的控诉，我不是正可以利用孩子的这一点进步吗？

我把他找来，夸奖了他一番，表扬他现在不说脏话了，很不容易。很少听到表扬的他，心花怒放。

"接下来，咱们再定一个目标，一个你能实现的目标，只要你实现了这一个目标，你这一周的行为规范就是优秀。"我摸着孩子的头，与他商量。

孩子侧着头想了一会儿，告诉我："目标是：做眼保健操认真，不睁开眼睛。"

"好啊！那我相信你！等一下，你在全班同学面前说一说你的目标，有没有勇气？"我对他说。孩子微笑着点了点头。

他站到了讲台前，在全班同学面前，说出了以后将认真做眼保健操的决心。在我的带头下，孩子们给他送上了热烈的掌声。

因为目标小，也容易达到，每天上下午两回眼保健操，他真的没有再睁开眼睛，也没有说一句脏话。眼保健操时"班主任助理"没记他的名字。每天，我及时反馈并表扬孩子眼保健操时表现很好。

这样，他第一回拿到了喜报，并第一回入围"红苹果班的十大幸福事"，他的"认真做眼保健操"被列为十大幸福事之首，他摘取了那周的"幸福之花"。

"晴晴，我代表我们全班同学，向你送上鲜花，希望你能做得更好！为我们班争光！"值月班长陈潇潇，手拿一朵娇艳的红花，奖给了晴晴。晴晴的眼眶竟然有些湿润了。是呀，多少回，他因违反班级纪律，在走廊上接受班长对他的教育，而今天，他却接到了班长送给他的"幸福之花"。

"谢谢同学们！我一定更加努力，为班争光！"孩子的话，声音不大，但很坚定。

"晴晴，这一周，你准备又在哪一个方面挑战自己呢？"我故意这样问孩子。

"这一周，我要改掉欺负同学，与同学吵架的坏毛病。"晴晴的声音提高了，充满着自信。教室里响起了一阵热烈的掌声。

那一周，他失败了，周三一上体育课，他忘乎所以，又开始去追赶女生。

挑战失败了，又有什么关系呢？问题孩子的前进过程从来不会一帆风顺，而是螺旋上升。

下一周，我与他一起商量，小目标定为不拿别人的自动笔。为了让他实现这一小目标，在征得其他学生同意的情况下，我为他开辟了特区，也就是全班只允许他可以玩玩具枪。可喜的是，他拿别人自动笔的坏毛病改掉了，他没有再拿过。

为了让他学会安静，学会看课外书，我又与他约定，让他一有空，就来到我的身边，阅读课外书。家长会上，我让每一位家长在自己孩子的家校联系本上写上孩子的十条优点。晴晴爸爸写上的第一条优点，就是现在学会看课外书了，回家后知道拿出课外书来看了。

尽管晴晴依然有这样那样的毛病，依然那么毛手毛脚，但是我分明感受到了孩子那一颗要求上进的心，不再如原先那般什么都无所谓。看到他挑战自己胜利后获得喜报的那一份欣喜，透过那一张阳光明媚的脸，我分明听到了心灵悄然绽放的声音，那是前进的声音，那是自信的声音，那是蓬勃向上的声音。我不由得想起了苏霍姆林斯基所说的那一句话：每一位孩子心底都有做好孩子的愿望！

步子小一些，目标小一些，扬起孩子前进的风帆，总会迎来一个灿烂的春天！

带班锦囊 >>>>>

弱势孩子之所以成为弱势孩子，往往是因为诸多问题于一身，他内心想改好，却因自控能力差，效果不尽如人意。怎么办？应该让孩子跳一跳，便可摘到桃子。

（1）分期制定小目标。让步子小一点，目标小一点，且只有一个，确保孩子完全可以通过努力，完成这一个小目标。比如，告诉孩子先从认真做眼保健开始，先从认真做值日生工作开始……总之，先从孩子最容易做到的一个目标开始行动。

（2）结合表扬、谈心、发喜报等跟进措施，扬起孩子前进的风帆，让他体验到付出后的喜悦，成功后的激动。

最好的教育是自我教育，班主任应利用一个又一个小目标，引导孩子不断挑战自我，不断自我教育。

妙计 15 成为传奇

记小水滴班的"纪检局局长"小旭

一

新学期开学的那一天早晨，作为新班主任，我走进教室，试图与学生交流交流。我迈着愉快的脚步进入教室，遗憾的是，学生们面无表情地注视着我，毫无一点"化学反应"。

当我走到教室后面，一个人高马大的男生向我亲热地打招呼："老师好！"这一句话着实让我的心底汩汩地流淌出一股暖流。同时，我也知道了这个身材高大的学生，名叫小旭。

那一天，我当着全班学生的面，郑重地表扬小旭是有礼貌的孩子。首因效应，让他给我留下了美好的印象。

二

随后的日子里，我渐渐地发现，小旭的表现并没有我想象中那么好。这个身材高大的学生，上课时喜欢与坐他前面的女生小睿聊天，反复提醒也没用，还一副怡然自得的样子。我暗想：小旭可不是一盏省油的灯啊。

小旭爱管闲事，爱说八卦。谁家有什么豪车，谁家住在哪里，谁的爸爸是做什么工作的……他无所不知，无所不晓。比如，他爱与教师称兄道弟，曾把手放在俞老师的肩膀上，问："俞老师，您儿子读几年级啊？"宛如与俞老师是老朋友一般。

但是，提到做作业，他的速度如蜗牛一般，时常整个组其他学生作业都交了，唯有他的作业欠着，哪怕只是一个抄写作业。他的考试成绩自然也不够理想。

因为首因效应，我对他印象颇好。他也很善于与我交流，我改作业累了，他还会抡起小拳头，给我两个僵硬的肩膀捶一捶。我边改作业边与他聊天，时不时表扬他几下。许多时候，我让他帮我做事，比如帮我到办公室里拿东西，他总是表现得很积极。我还让他协助我维护班级纪律，并封他为"班主任助理"。

渐渐地，他露头的机会多了，在我的"官方扶植"下，他成了一个人物。

三

一天，当我走到一楼楼梯口时，就听见四楼上的小旭的嘶吼。我快速上去一问，原来小旭在向同学咆哮。询问、调查、摸底……我才彻底知道：原来，小旭是一个"双面虎"，我在场时，他温文尔雅，表现优秀；我不在时，他猴子称大王，班上的哪一位男生没挨过他的打啊！

我与他谈话、沟通，电话联系他爸妈，及时把这个情况反馈给家长。他爸爸告诉我：小旭在家脾气差，时不时会翻脸生气，有时候，在公共场合也不给家长脸面……

小旭的表现告诉我，他强悍的外表下有一颗空虚的内心，没有一个朋友的孤单落寞导致他企图用声音的嘶吼来引起同学的注意，或者仗着自己人高马大，想用拳头征服同学的心。他常常独自一人在走廊发呆。某次，我与他聊天，他哽咽着告诉我，没人愿意与他做朋友，他只好大喊，好引起同学的注意。多么可怜孤单的孩子啊，我轻轻地抚摸着他的头。

为了解决他的交友饥渴，我让老实可爱的小纬做他的好朋友，他们两人同在校篮球队，有着共同的爱好。同样缺少朋友、不善交际的小纬慢慢地成了他的好哥们儿。

我依然重用小旭。

四

然而，某一天我看到他在生活作文上这样写道："同桌小霄很难搞，我坐过去一点儿他就发牢骚；当我去问小航题目时，小霄还暗示小航不要告诉我……"他在文章中表达着他的愤慨。

我正想找他们两个询问是怎么回事时，突然发现，我的桌子上放着小霄的一封信。信写了整整两页，上面列出了小旭的种种"劣迹"："我的手臂不能靠过去一点，一靠过去小旭就大声叫；小旭动不动就生气发火……"小霄在信中恳求我："许老师，我实在忍不下去了，求您给我换个座位吧。"

我把小霄叫到走廊上，细细询问。原来，小旭做作业时总想抄袭，遇到稍稍难一点的题目，就让成绩最好的小航教他怎么做。小霄多次暗示小航不要教小旭，曾两次当场"检举"小旭，导致他难堪，于是就有了后面的种种不和。

我揣上这封信，到小旭家家访。我把信给他爸妈看。他爸妈看后惊讶万分，因为许多时候，小旭与他们交流时都说是同学误会了他。同时他爸妈对他的坏脾气却束手无策。

我与他爸妈开诚布公地聊天，谈了我的看法和建议：建议他们不要当着小旭的面吵架，做温顺和善的榜样；建议他们每天多抽时间与小旭聊天，聊学校里的事情、聊同学，多陪着小旭运动，做小旭的朋友；在人际交往上，建议他们平时多与小旭沟通，教给他基本的为人处世的原则……

告别小旭的爸妈时已晚上九点半了。

五

那次家访之后，小旭的情况有所好转，但效果不是很大。他爸爸告诉我，小旭妈妈心情不好时，会说不管小旭，他想发脾气就发吧。他爸爸对他的未来也没有什么期许。

我求助于小旭的舅舅——同事阿东老师。我很正式地到阿东老师的办公室里，向他反馈小旭的情况，与他商议如何教育小旭。

阿东老师是一位特别重视亲情又善于教育的教师，他当天放学时便与我班几名学生谈心，了解小旭的真实表现。他当晚就去了小旭家，与小旭的爸妈进行了沟通。

此后，阿东老师时不时找小旭，去沟通和进行心理干预。在小旭心中，舅舅是自己崇拜并信任的人，舅舅话语的权威性，远高于文化程度不是很高的父母。争得"外援"的支持，再加上我与小旭的积极沟通，小旭的表现渐渐好转，同学们对他的评价也渐渐好起来了。

六

后来，经过竞选，我正式任命小旭为班长助理，负责班级纪律。

小旭维护着班级纪律，但不时有学生告诉我，小旭管纪律时，他自己却要逗同学笑，也就是说，缺少了维护纪律的严肃性。

有一天，我与班上的几位学生谈心。学生们告诉我，小旭喜欢班上最文静可爱的小Y。某天，他搂着小Y的脖子，警告大家："这是我的女人，谁都不能动她！"我从学生的口中得到许多小道消息……

我听后半天愣在那里。本来我还窃喜，怎么到六年级了，我班在"谈情暗恋"方面如此风平浪静。原来，是我不了解民情的缘故呀！

综合实践课上，讲到青春期问题，我借用歌德的名言说："哪位少女不怀春？喜欢某一个人，这是一份非常纯洁、美好的情感。许老师尊重这份情感，也理解这一份情感，但请大家一定要学会呵护这一份情感。"我与学生谈起，我以前班上的学生，但凡有人单相思或有困难，都会找我求助或沟通。我说："若有人来告诉我这方面的事情，许老师以自己的名义保证，绝对保密！请你放一百万个心，而且我会以过来人和长辈的身份指点你怎么做才是正确的……"

有了这些铺垫，再加上之前我与小旭良好的沟通做基础，我找来小旭，在一个僻静走廊的角落聊天，他说出心里话成了一件顺理成章的事。

小旭告诉我，他真的喜欢小Y，甚至晚上睡觉都会想她。我笑着对他说："你真有眼光！若许老师是男生，一定也会喜欢她。她实在太讨人喜欢了，学习认真刻苦，又那么温文尔雅！你的眼光真棒！"当他听到我说这些时，眼睛亮了。

转而，我问他："以你现在各方面的表现，你能得到她的喜欢吗？"他的头摇得像拨浪鼓。我用手比画给他看："小 Y 品学兼优，明显比你高了一层，你若不想办法提升自己，让自己与她一样高或再高一些，那你无论怎么走，与她永远都处于平行状态，永远不可能相交。"我的两只手不停地比画着，做样子给他看。

我接着说："当你跟别人说小 Y 是你的女人，谁都不能碰时，只能使她对你更加反感，使你与她之间的距离越来越大。你要学会呵护这一份情感……"他一边听，一边不停地朝我点头。

那次心理疏导后，小旭彻底变稳重了。他学习变努力了，与同学相处更和谐了，尤其是维护班级纪律时，稳重如山，颇有男子汉的气概。

他被正式任命为"小水滴班"的"纪检局局长"。他和我班另外 5 名学生组成一个"纪检局"，由他全权负责班级纪律、安全。

有一次，我不在，我班最调皮的小墨在嬉笑、吵闹，小旭请他到办公室去反思。小墨逃进了厕所，他为了抓小墨，追到了厕所，一根手指却不小心碰到了墙壁瓷砖，小半个指甲都掉了下来。都说十指连心，但他一滴眼泪也没有掉，也没有喊一声疼。调皮鬼小墨看到这个状况，乖乖进办公室反思去了。

当我回校得知情况，去教室看他，他手指明明很痛，却告诉我没有关系，能忍。我的心里充盈着感动。我知道，一个小小男子汉诞生了，我为他骄傲！

每一个学生都会是一个传奇！

带班锦囊 >>>>>

一个问题孩子的转化，绝不是一件容易的事。要让孩子成为一个传奇，就要想办法亲近孩子，让他"亲其师，信其道"。

（1）重用。让他为班级、为老师做事，唤醒孩子内在的潜能，让孩子找到在班级里属于他的位置。

（2）帮他找一位志同道合的朋友。每一个孩子都具有社会属性，没有朋友对孩子来说，实在非常残酷。问题孩子的内心尤其孤独，找不到真正的朋友。想尽一切办法，给孩子找一个朋友，以解决孩子交友的需要。

（3）借助孩子信赖的亲友力量，家校共同努力。解决交往饥渴后，再想办法，利用一切可利用的途径，多与爸爸妈妈沟通孩子的问题症结，让爸爸妈妈努力携手，给孩子一个温暖祥和的成长环境。内援外和、合力共育之下，孩子会慢慢苏醒，慢慢蜕变，成就一段属于他自己的传奇。

我的故事 >>>>>

谁都是被上帝咬了一口的苹果

一

第一次拿到"小水滴班"的名单，突然，被小 Z 名字中一个我从没见过的字难倒了。到底是桐乡市最好的公立小学，孩子们的名字这么复杂。我暗暗想。这个字是什么字呀？我问同事。同事告诉我，读"zhào"，是武则天造出来的。武则天编造了这个字？我怎么从没听说过呢？我赶紧打开新华字典，一看，真读这个音。

怎么取这么复杂且奇怪的名字啊？我感慨。从同事们揶揄的笑容中，我感觉到了这一定是一位"大有来头"的孩子。

闲聊中，我知道了这孩子的"前世今生"。

未见其人，先闻其"名"呀！

二

学校午睡实行自主管理。第一周，双导师进班管理，第二周开始，由孩子们自主管理。

不值日的老师，可在办公室午休，多富有人文气息的政策。但是，我怎能安心午休呢？新接的班，一连三天，我这位新班主任站在讲台上面讲，孩子们在下面交头接耳，他们开小会的声音都快盖过我的声音了。怎能安心睡呢？

睡着睡着，我从躺椅上爬起来，到教室巡逻。

那一幕的情景，直到今天，犹如电影一般在我的眼前浮现，那印象简直太深刻了：教室里的孩子们，如一锅煮沸了的开水，吱吱吱吱不停地冒着白烟，窃笑的，手舞足蹈的……当然，这些孩子都是小声的，压抑的，我倒也理解。最令我瞠目结舌的是，小Z同学趴着睡在桌子上，两只手臂往下垂着，快碰到地上了。两只脚在空中摇晃不停，犹如两只飞舞的蝴蝶。两位管理的小女孩，正站在他的桌子边，小声地劝告着他：快呀！快点睡好！他没有一点儿听劝的样子，脚甩得更厉害了……

果然"名不虚传"呀！我内心直感慨。

三

渐渐地，他的本来面目全都暴露无遗：字儿歪歪扭扭不成样子，宛如日本字一般。上课时，他的身子不停在扭动，也没一个孩子愿与他同桌。还有，他天天要拿同学的文具，同学不想借给他，他却不顾忌同学是否愿意，只管自己拿，几乎每天都有孩子气急败坏地跑来告诉我，小Z不经过同意，拿了什么文具，还不知道还。做眼保健操，从没一次认真做的，要么睁大眼睛用手扭两扭，要么就是眼保健操的音乐快结束了，才从厕所里匆匆而来。最要命的是，只要老师一不在，他就会发出一声怪异的叫声，或者做出一个奇怪的动作，继而全班哄堂大笑，教室犹如煮开的水壶一般……他不良的行为习惯，半天也说不完呀。

他，是我班非常孩子之中最具"杀伤力"的一位，名副其实的头号"种子选手"。擒贼先擒王，我得先把他"虏获"。

长期堆积的"恶习"岂能说改就改呢？

我威逼利诱，该表扬的表扬了，该批评的批评了，心也谈过了，可收效甚微。

四

我好奇，怎样的家庭才养出这么一位非常的孩子？

每天接他放学的是他的外公。外公是一位精神矍铄、眼睛炯炯有神的60岁开外的退休老人。他很和蔼，常常会主动问询孩子的情况，若与他反馈孩子的什么情况，他的态度也很好，从不会为自己的外孙辩解。王晓春老师说，面对问题孩子，我们首先要了解孩子7岁之前是谁带的。在与孩子外公的交流中，我知道了，孩子从小就是外公外婆带大的，爸爸本性老实，妈妈贪玩，基本不管孩子。我与外公说："这样下去怎么行呢？你们年纪在越来越大，该爸爸妈妈出场了吧！"外公答应让女儿女婿多管管孩子。

我与孩子妈妈多次电话沟通，听得出这是一位性格直率的妈妈，说话礼貌客气。孩子若在校发生什么麻烦，她总是满怀歉意地对老师说：辛苦了，老师麻烦你了。

积习要改掉，真的是一件非常困难的事情。

其实，聪明的小Z与我之间的距离在慢慢地缩短，但总是无法达到心灵相通，即便许多时候，我找他聊天、谈心，问他为什么这么做时，他也不能与我说出个子丑寅卯。

有一天，品德课上需要张贴一张全家福。突然，他感慨地对我说："许老师，我好可怜呀！""怎么可怜了？"我赶紧问。"我妈只管了我9天，就把我送到了外公外婆那里，你看可怜吗？""噢，那的确有点可怜。"我摸着他的头，对他说。全班的孩子不约而同地笑了。我说："不管怎么样，你妈妈把你带到了这个世界上，再说，你妈妈也没有不管你呀。"

第一次见到小Z妈妈的真容，是因为他调皮贪玩扔坏了同学小甜的价值不菲的眼镜架，所幸的是镜片没碎。眼镜架重新配一个，价值400多元，是小甜爸爸去配的。小Z的外公颇有微词，说这眼镜架坏了，可以让他们去帮忙修。我呢，说句实在话，也没想到小甜的爸爸去重新配的镜架居然如此昂贵，但事实是确实小Z该负全责。小Z妈妈来到办公室付钱，只见她的个子不是很高，穿着也算时尚，满脸笑容，一副慈眉善目的样子。她与我打过招呼，正好小Z也在办公室，她满脸微笑地对儿子说："小祖宗，你要乖一点呀！你看你长得这么帅，怎么这么不懂事呀！"这副样子，看得我和同事们一愣一愣的。赔了这么多钱，她妈妈没有一点生气的样子，看到自己的儿子笑意都从眼睛里漾出来了。不当面批评孩子也罢，可以理解，但至少你不要对孩子媚笑了呀。可想而知，平时外公所说的女儿宠孩子、不会管，真没瞎说，还真的是宠到家了。

在我的感召之下，孩子妈妈每天下班之后，先回外公外婆那，陪伴儿子。当然可以想象这样的母亲在孩子心目中，是没一点威信的。

渐渐地，小Z有所进步，尤其是我任教的语文，进步明显。但其他的科任老师反馈的情况不是很理想，与同学的相处虽有进步，但见效不是很大。

孩子愿意亲近我，时常在下课时帮我捶背，与我聊天。我一直在寻找走进他心灵的那把钥匙，彻底打开他的心门，可一直没有找到这样的机会。

五

我班的家委会五一节组织去红杉邨烧烤，原本小Z也报了名的，他妈妈带他去。在出发前一天下午，突然接到他妈妈的电话，告知不参加这个活动了，要去人民医院做一个妇科手术，已与医生约定好了。

上班了，我把小Z叫到了走廊上，详细问询妈妈的情况。我告诉小Z，每一位妈妈都值得我们尊重，并与他约定，周六休息时，我将去人民医院看望他的妈妈。"啊？许老师你要去看望我妈妈呀！"孩子的眼中流露出一丝惊讶和质疑。周六上午，我买了莫斯利安酸奶，驱车至凤鸣公园门口带上小Z，和他一起去人民医院看望他妈妈。

某日，他又拿了同学的铅笔，同学愤怒地喊着他的名字，追赶着他，我把他叫到了走廊里。我说："小Z，我真的挺喜欢你的，你能不能对我说句实话，你这样开心吗？有意思吗？"没想到，他的眼泪啪嗒啪嗒地落下来，一边流泪一边说："内心很痛苦，甚至有的时候，一个人偷偷地躲在教室边上的走廊里哭泣。"

"那你诚实地告诉我，为什么这么做呢？为什么要去做这些让同学讨厌你的行为呢？难道你拿了别人的铅笔，别人追你，讨厌你，你很开心吗？"

此刻，他才告诉我，因为没有朋友，同学都不愿意与他玩，他才去拿别人的笔，让同学来追他骂他，他觉得这是同学来理睬他了，他心里满足了。当老师在时，他搞出莫名的事情，令全班同学发笑，令老师发怒，以引起同学的注意，他觉得是好玩的事情。

我一字一顿地告诉他："你完全想错了，你这样做，只会令老师更讨厌你，令同学鄙夷你，你知道吗？你现在的角色就是一个小丑，你越这样做，同学越看不起你。"他一听我这么说，恍然大悟的样子。

六

怎么让孩子赢得自尊感呢？在什么上能让孩子赢得自信呢？这孩子真的很聪明，学什么都很快，但就是缺少耐心、恒心，不能坚持。我发现他的毽子踢得特别好，能左右开弓，毽子犹如一只蝴蝶在他的双脚上灵动地飞舞。在我班上，踢毽子他是数一数二的高手。

为了激发他的自信，我特意在班上举办了踢毽子比赛，他与小怡同列第二名。我隆重地给前三名颁发奖状。

我找了小怡，让她在班级复赛时略略放水，以让小Z有资格参加学校里的"绳飞毽舞"吉尼斯比赛。这样，小Z终于有资格代表我们班级去比赛了。

赛前，我反复地告诉他："看你多能干呀，代表我们班级出去比赛，要好好干呢。"他的确忙前忙后努力地训练着，一副摩拳擦掌的样子。

比赛那天，他告诉我，在家一直训练到了九点多，争取比赛能获得好名次。为了鼓励他，也为了提醒他，我全程陪伴在他身边，从比赛预备动作开始，到正式比赛，我一直在边上给他拍照、鼓劲。果真不负所望，他踢了100个，光荣地获得了全校第五名。我隆重地为他颁奖，将书作为礼物送给他，并封他为"小水滴班"的毽子王子。

七

就这样，他的心门打开了，他也找到了在班级的坐标。在我的指引下，他与同学相处得越来越和谐了。

每次出差回来，他都会对我说："许老师，好想你呀！"然后，犹如孩子看见妈妈一般来拥抱我。

同学惊诧于他的变化，纷纷在作文中赞誉我的"足智多谋"，让最令人头痛的小Z同学有了明显的改变。

六年级的第一学期期末考试，他语文更是考出了90分的好成绩。曾经的边缘孩子，渐渐地回到了同学们的大队伍中，不再如原先那般突兀。他与这个集体慢慢融为一体了。

八

六年级第二个学期时，我上了一节班会课，主题是"为自己喝彩"。课一开始，我让每一位孩子写写自己的特点。没想到的是，小Z写了两个特点：我不乖！我很吵！

一个看不到自己优点的孩子，内心多么彷徨和无奈。我庆幸，有这样的课，让我可以窥视每一位孩子的内心。

课上，我告诉孩子们，每一个人都是上帝咬了一口的苹果，都是有缺陷的，然而，正是这缺了一口的苹果成了美的代言，成为了世界上最卓越的苹果公司的logo。

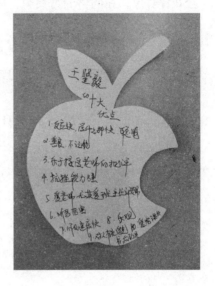

我一直没有忘记小Z对他自己的评价，每一次想起，我总是那么坐立不安。该怎么来抚慰这一颗孤独的心灵呢？我绞尽脑汁——

我让我班擅长美术的珍妮用蓝色卡纸剪出了苹果logo的模样，提笔写上了小Z的十个优点。

我把这一个写满优点的苹果贴郑重其事奖给小Z，并张贴在教室的宣传栏里，时时激励小Z。

九

语文课的最后一个单元为"依依惜别"。孩子们制作了感恩卡，向曾经任教过他们的老师表达感谢。

我收到了许多制作精美的卡片，然而，小Z的那张，没有一点的花纹，没有一点点缀，一字一字，最打动我。

我真的感到很欣慰，我的一点点努力，终于换来一位边缘孩子的进步与真诚的感恩，还有什么比这更令人欣慰呢？

这卡片，也让我懂得了：这些边缘的令我们头疼的孩子，他们的内心何尝不纠结和痛苦呢？十年树木，百年树人，每一个孩子都需要我们为师者悉心呵护与照顾。

带班锦囊 >>>>>

一个边缘孩子，没有朋友的孩子，伴随他内心的往往是无谓和无奈。他爱用一些怪异的行为引起全班同学的注意。当老师一走，自主管理期间，他会花样百出，在同学的嬉笑中，他的内心得到了满足。这样的孩子，老师头疼，同学唾弃。怎么办？

（1）打开心结。需要追根溯源，找到问题真正的源头。上文的小 Z 因从小由外公外婆抚养长大，对他的妈妈不屑一顾，母爱在他的内心是缺失的。

（2）绕道亲友。我利用孩子妈妈生病的突发状况，带着他一起上医院看望，告诉他，每一位母亲，哪怕只有生育之恩，都足以令孩子尊重。

利用看望孩子妈妈的机会，拉近与孩子妈妈、外公外婆的心理距离。当全家人念叨老师的好时，孩子的心门会向老师敞开，你就能更清楚孩子内心的想法，也就更利于对症下药。

（3）充分利用同伴资源。曲线救国的资源，不仅仅限于孩子的亲人，也可以是孩子最要好的小伙伴，孩子比较信任的朋友等。

妙计 **17** 即时反馈

一

对于小 K，五年级开学报到的第一天，我就留下了深刻的印象。

那天，我站在讲台上收取暑假作业，一位长发飘飘年轻美丽的妈妈，眼神中充满着淡淡的哀怨，与我主动聊天："老师，能否把我家小 K 调到后面去一点呢？"闲聊中，妈妈告诉我，孩子调皮成绩下滑，夫妻闹离婚对孩子的影响很大。

这么坦诚的妈妈，我还是第一回遇见。其实，从她的话语中，我读出了一份无奈和希冀，希望新班主任能给她的"宝贝"多一些关怀和呵护。

第二天，暂时按身高换了座位。与小 K 同桌的女生居然唉声叹气，一副不情不愿的样子。从这表情中，我恍然明白这是一位具有复杂历史的孩子！

二

果不其然，之后的日子中，我见识了小 K 的"糟糕"：上课废话连篇，他的嗓子永远是嘶哑的，作业乱七八糟，一下课溜哪去了都不知道。尤其是副科课堂上，擅自说话的现象更为严重。

经过一段时间的研究和观察，我了解到我班的基本问题集中于"三王鼎立"再加一个与众不同、爱与老师唱反调的小B组成的"四大小金刚"。小Y、小Z、小K、小B，四位个子小小的男生，一曲难尽呀。

那时，我新接手班级，班级还没理顺，班干部还没培养出山，再加平素高端班、名师班的培训等各种杂务外出颇多，这四位小个子男生在班上为所欲为，嚣张得不可一世。

某天，"四大小金刚"居然不顾安全委员的提醒，明目张胆地在四楼教室边的栅栏上"漫步"，急得我几次话语梗塞。极少请家长来校的我，打电话发飙：马上请家长到学校领你家在栅栏上做高难度动作的孩子！

有三位家长语气平和地批评了自家小孩，并承诺：以后绝不让自己的孩子做出如此危险吓人的动作。

小K的妈妈来了。

当她了解到儿子的"高危动作"后，满脸通红，如一头狮子咆哮着，怒吼着，狠狠地训斥着。小K鼻子一缩一缩，站在那里什么话也不敢说。

三

物以类聚，人以群分。

这四个孩子，犹如打不散的鸳鸯，一下课就围在一起玩。小K和小Z更是从小一起玩到大的朋友。我多次逐个谈话，告诉他们，尽量不要在一起玩。因为这两个孩子在一起玩，弊大于利。

可是小K，任凭你再苦口婆心，还是听不进去。

他妈妈也一直在提醒小K，与班上懂事的某某、某某玩，坚决阻止他与更调皮更不乖的小Z玩。

有同学告诉我，小K的妈妈某天发现小K的书包里有一本他不该看的网络小说，妈妈赶到学校，当着孩子的面把书哗啦一下全撕碎了，当时训斥儿子的声音，可以用惊天动地来形容。我班最会说的嘉希告诉我："小K妈妈太凶了，简直就是一只母老虎。我妈与她比，简直温柔一百倍。"

四

我拨通了小K妈妈的电话，开始与她聊了起来。

她向我完整地讲述了她的家庭变故——美貌的她，不顾家庭的反对，找了一个外地人组建了一个家，原本一家三口恩爱有加，丈夫也辛勤地赚钱。后来，丈夫在杭州工作，有了外遇，偶然之间，被她知道了。这个男人非但不认错，还咄咄逼人。于是，分手。妈妈为了争夺儿子的抚养权，房子车子什么都没要……

　　同为女人，我不由得深深地表示同情，也理解了她面对儿子不争气的暴躁和愤怒。

　　我与她说，为了你的儿子，你应该开始新的生活了。她在电话那头无奈地告诉我：孩子爸爸放出狠话，她若找新的男人，就要回儿子，而且还不让儿子去读书！

　　这一句话，对一个视儿为命的女人来说，该有多么大的威慑力啊！天哪！怎么会有如此蛮横的男人！

<h1 style="text-align:center">五</h1>

　　彻底了解了孩子的成长背景和他妈妈的不容易后，我找来孩子谈心，也从孩子的话语中明白了：母子相依为命，妈妈在小 K 心中有一种救命稻草的感觉。许多时候，妈妈在工作上遇到了烦心事，再遇见儿子不懂事，会边愤怒边"恐吓"孩子：把你送到你爸爸那儿去好了。小 K 总有一种担忧和恐惧。我告诉孩子，好好地、认真地努力读书，多交益友，不要辜负妈妈对他的期望。

　　我给他调换了一个座位，四周都是自律优秀的孩子，还给他找来小宇、小铖这两位懂事的男生做他朋友，陪伴他。

　　根据他特别在乎他妈妈的情况，我告诉他妈妈，可采取这样一个办法：每天让四位主课老师签名，将孩子的上课表现、作业情况反馈给妈妈，然后由妈妈处理。

　　妈妈欣然答应。

　　于是每天下午，小 K 会拿着小本子来找我们四位主科老师签名。我们如实地记录着……

　　一天又一天，从未间断。慢慢地，孩子的表现好了，不再如原先一般喧哗吵闹！不再有家庭作业不好好做的事情了！不再喧哗浮躁不安了……

各科成绩也一路飙升。六年级的期中考试，三门功课总分居然位于第六名。这简直是之前想都不敢想的事情。

数学老师反映小 K 进步了。科学老师反映小 K 进步了。甚至教综一综二的梅老师，也告诉我，小 K 进步了，变化很大，与以前大不一样了！

六

小 K，荣获了我班第三批孝星的称号。他各方面进步大，他的大名一直在我班光荣榜上闪烁。

他，成为了美好事物的中心。

带班锦囊 >>>>>

对于一个监督力度较大，对学校、老师信任，全力支持班主任工作的家庭来说，班主任的即时反馈，将是一贴妙方。

孩子天生是个外交家，许多时候，在校的表现与在家的表现并不同步。要想了解一个立体、多面的孩子，科任老师每天的即时反馈很有必要。

即时反馈的方法有很多：

（1）通过家校本每天即时反馈。

（2）利用现代媒介——微信、QQ，每天即时反馈。

（3）也可以如小 K 一般，每天自己拿着本子，找科任老师签字，让家长即时了解孩子在校的表现，制定合理的奖惩措施，比如表现好加一颗星星，十颗星星可以实现一个愿望等。家校配合，孩子会朝着更美好的方向前进。

妙计 18 "驯养"善良

几声凄惨的猫叫

那一年，我在乡镇教学。

某天下午，我在教室里讲得眉飞色舞时，"喵，喵，喵"，几声温柔的猫叫声从某个角落传出。孩子们捂住嘴窃窃地笑。

我蒙了，睁大了眼睛，"怎么回事？哪来的猫？"目光齐刷刷地射向了南面的角落。

"晓杰？"又是这捣蛋鬼。此班五年级才接手，一个蛮横、以做坏事闻名的男孩——晓杰着实伤透了我的脑筋。他与年轻的体育老师闹矛盾；他去幼儿园将幼儿的被子扔到厕所里；他喜欢女生，肆无忌惮地在教室里拥抱……某天，去他家家访，他妈妈抹着眼泪说："大冬天，冷得瑟瑟发抖，夫妻俩去十里远的崇福寻找他的踪迹。我真恨不得把他的腿打断，再帮着接起来……"我无奈地看着她，无言以对。胞兄只比他大一岁，乖巧，可爱，懂事。唉，所谓的一母生九胎。

"你哪来的猫？"对于我，他一直心存敬意，曾在作文中写道："没有一个人可以批评我，唯独许老师除外。她甚至可以打我，我绝没有一点意见。"我一直以为在他身上实行了所谓的"爱心教育"是成功的，很长一段时间，他作文本上的那段话让我骄傲。

"是国晓上学路上捡来的，我向他讨的。"他抿着嘴有点不好意思。

"可是，那要影响上课的呀！这也是别人家养的，不见了，主人要着急的。要不，等下课了你先去下面把它放了，等放学了若还在，那你就带回去养。"他朝我笑着点了点头。

下课了，正当我还在教室批阅作业时，只听见几声凄惨的猫叫声响彻校园。"干什么？怎么回事？"我连忙冲到走廊里。只见孩子们正纷纷俯着栏杆望着下面。"许老师，晓杰他把猫直接从三楼扔了下去。那猫被他摔死了。"有几个孩子循声跑下楼去看死猫了。

此刻，惊讶、惋惜、愤怒让我一时语塞，我真的没想到晓杰竟然连这楼梯都懒得走，直接扔；我万万没料到这孩子竟残忍到如此地步，那是一个活生生的生命啊！"你……你这个……人……这猫……也是……一条命呢！"他听了我的话后，脸刷地红了，尴尬地笑着……

那一份心痛、难受直到现在仍纠缠我的心。每回与所带的孩子讲到善良时，这痛心的一幕时不时浮现在我的眼前。"教育艺术就在于，要让受教育者把他周围的东西加以'人化'，使他通过对待物品来学习如何正确地有人情味地去对待人，应该使孩子把生活中接触的物品都看成是有'灵性'的东西，从这些物品中感受到人性的东西——人的智慧、才干和对人的爱。""只有当每个孩子都'驯养'一样什么东西时，使某些东西具有了灵性，对某种东西倾注了心血，才能使他们富有同情心、侧隐心和人道性。"读到苏霍姆林斯基的这两句话，离这一件事已过去十年。我的心猛地一震：何时我对晓杰有过这样的教育？我的苦口婆心、谆谆教导培植了孩子的爱心了吗？我以为我口口声声提及的善良触及了他的心扉，我以为他对我心存敬意，我的教育已经成功。对他而言，善良充其量是一个从我和孩子们嘴中吐露的两个机械呆板的词。

扪心而问，倘若当年晓杰曾经倾注心血驯养了某样生灵，他还会这么做吗？

带班锦囊 >>>>>

那一场景，过去好多年了，可到现在还历历在目。那猫的凄惨叫声，还在我的耳边萦绕。

不吼不叫，做智慧班主任

也就是从那时起，我不再单纯地把"善良"挂在嘴上，不再苦口婆心地告诉孩子们怎么做一个善良的人，而是：

（1）指导孩子们驯养一种东西。或种植一棵小树，每天为它浇水、施肥；或养一条金鱼，经常为它换水；或养一只小狗，精心给它喂食……让孩子在日积月累的心血倾注中，培植爱心，播撒善良，让孩子在精心的呵护中，照顾动物、植物中，驯养他的感情，付出他的爱心，感受它们的呼吸，感知它们的生命灵性。

（2）培养做家务的能力。每天布置 15 分钟家务，让孩子为家庭付出自己的汗珠。

在这样的日复一日的付出中，对事对物的善良品性渐渐在线。

妙计 / 19　宽容疗法

赞美如灯

偶然，从一杂志上看到南非洲的巴贝姆巴族至今保持的优秀生活礼仪和处世方式：

当族里的某个人因为行为有失检点而犯了错误时，族长会让犯错误的人站在村落的中央，公开亮相，以示惩戒。但值得称道的是：每当这时候，整个部落的人都会放下手头的工作从四面八方赶来，将这个犯错误的人团团围住，用赞美来"治疗"他的心灵，修正他的错误。当"赞美"仪式结束后，在族长的主持下，还要举行个盛大的庆典，大家载歌载舞，真心拥抱犯错误的人，把他当成一个脱胎换骨的新人来接纳。

看到这里，我感慨万千，好一个以人为本的"赞美仪式"。联想到自己工作中，多少次召开"批判大会"，让孩子们对犯错误的孩子"群起而攻之"，一条一条地数落他的"罪行"，这赤裸裸的揭发曾伤害了多少颗脆弱的心灵。

他山之石攻己之玉，何不借鉴来"赏识"一下让我头痛的小炜呢？唉，说起他，一个学期不知花费了我多少的精力。原本以为学期快结束了，能太平一点了，没想到1月31日返校评比日中，他竟闹起情绪，干脆不来学校了。向同村的小华打听，他说："小炜昨天说，今天是来大扫除，所以不高兴来。"我急忙打电话到他家中，接通了却又挂了。打他妈妈的手机，他妈妈直叹气，说做了一早上思想工作，可他以起晚了为理由，就是不愿意去学校。太令人失望了。才放假几天，居然又这等放肆。该怎么教育这孩子？我心中愤愤不平，恨不得好好地批评他一顿。

我从"赞美仪式"上得到启发，决定换一个方式来对待他。

2月5日，他来到学校参加结业典礼。当开好总结会，发好奖状，我对全班同学说："在我们班上，有一位同学在31日没有来，根据了解，他是因为知道要大扫除而不愿来。请这位同学上来。"小炜在众目睽睽之下，红着脸，窘迫地上来了。"人非圣贤，孰能无过？孩子们，大家回想一下，小炜在这一个学期中，有什么优点？曾为我们班级做了哪些好事？好好地想一想。"孩子们听了我的话，面面相觑，愣在那里，没有一点声音。"一个懂得赏识别人的人，说明拥有一双慧眼，看谁拥有一双慧眼。"

终于，伊凡举起了手，她走了上来："小炜，你这个学期进步很快。刚开始时，你从来都不肯举手，也不敢站起来说话，可现在你在众人面前说话已经很大方了。你也开始变得爱学习了！"

"小炜，每次卫生值日时，你总是非常的积极，擦电视机这个累活你总是抢着干。我们的卫生检查总是一等奖，有你的一份大功劳。"

"小炜，一开始吃中午饭时，你总是自由散漫，不听从安排。可现在你懂得尊重同学了。你真棒！希望，明年你能进步更快！"

"小炜，你跑起步来如飞一样，你的体育成绩真棒！"

"小炜……"

孩子们对小炜真诚地说着赞美的话。小炜抖动着嘴唇，不停地说着谢谢。"孩子们，让我们一起用热烈的掌声祝贺小炜的新生吧！金猪年，祝愿小炜取得更大的进步！"在我慷慨激昂的鼓励声中，在同学们热烈的掌声中，小炜回到了自己的座位上，眼里竟泛起了点点晶莹的泪花。看得出，孩子内心充盈着缕缕的感动。

事后，与一位孩子闲聊，她竟告诉我："许老师，若我是小炜，会感动得直哭。"因小炜坐在前面，同学都没发现他也流泪了。

身为教师，我们时常要与弱势孩子打交道，几乎每天要面对犯错误的孩子。对待他们，我们往往是批评。每一个孩子从心底里都有做一个好孩子的愿望。屡屡的批评，容易使孩子产生逆反的心理。苏霍姆林斯基说："孩子心灵中有一个最隐蔽的角落——这就是人的自尊心，这个角落里的组织是娇嫩的，微妙的，脆弱而又敏感的，很容易受到损伤，更容易变得粗糙起来。"批评使得犯错误孩子的自尊心连连受挫，而迫使他"破罐子破摔"。

苏霍姆林斯基说："有时宽容引起的道德震动，比处罚更强烈。"适度的赞美宛如黑夜的一盏明灯，温暖了孩子的心灵，点燃了他向善的正气，鼓舞了犯错者改正错误的信心和决心，有了明灯，前进的道路不再黑暗和崎岖。

赞美的方式有很多：

（1）发动他的好朋友悄悄给他送上赞美信或赞美卡，上面写满对他赞美的语言。

（2）利用班会课、晨会等时间，让全班同学为他开展一个赞美仪式，让全班同学一起来找他的优点。

（3）老师在孩子的课本扉页上写上欣赏鼓励的话语。

妙计/20 擒"贼"擒"王"

他的眼睛在闪亮

领导委以重任，接收一个"滚刀肉"班级。班级里整天吵吵嚷嚷，男生爱打闹，骂老师、骂同学……整个学校没一位老师敢接手。

我拿了一个笔记本，认认真真到原科任老师那儿了解情况。原来搅得整个班级昏天暗地的核心人物是三个成绩很好的男生。

经过半个月的侦查了解，对整个班级起核心影响的，其实是小 H。他在五年级前，多次被评为风雅少年，学习成绩优异，尤其口才很棒！他知识面广泛，其文史知识、战争知识，是我从教以来见识过的最渊博的。班上男生团结在他周围，与另一位核心男生小 Y 在起争斗。他在班级里，尤其在男生们的心目中，有着举足轻重的作用。

一开始接班，我尽可能地化解小 H 和小 Y 之间的隔阂，让他们握手言欢，告诉他们，世界上除了变为朋友，并非只能变为敌人，还有一种相处之道，就是和平共处。

从我接班的第一天开始，就重用小 H，信任他，让他放学了举路牌，让他管理班级……第一个月的月度人物就是他。

在最为平静的第一个月过去后，孩子们对新班主任的新鲜劲逐渐消失，原有的各种坏毛病开始蠢蠢欲动。

我真的从没见过，如此自尊又自负的孩子：在无数次踢足球时，为了赢球，他的好胜心全面爆发，输了球就要大声地训斥同学，使得我班首号足球高手小峰与他水火不容。无论我如何地引导并做思想工作，他铁青着脸，把话说得斩钉截铁，一副不共戴天的样子。

我与他爸爸妈妈多次沟通交流，也亲自上门家访，拉近与家长、孩子的心理距离。

小H时不时暴跳如雷，动不动就发火。有一天，小逸来告诉我，小H好端端把小M的生日会给搞砸了：小M生日，他妈妈邀请班上的许多同学一起参加，他们踢足球，结果小川一个球没踢好，小H大声斥责，两个人吵起了架，小H一摔球，就回家了。小M妈妈当时怎么拉也拉不住。一场欢乐的生日会因他而郁郁。原本小M妈妈要送小H的礼物，让他的好朋友小峰在周一时带给他，结果小H一拿到，根本看都没看，直接扔进了垃圾桶。小峰也很郁闷，觉得他太不给面子了，此后，两位好朋友彻底闹翻。

为了化解他与小峰之间的矛盾，我多次做小峰的思想工作，让他多包容一点。小峰听进去了。那次，足球队去振东小学参加比赛，小峰主动对小H说："你踢得真好！"小H受到了触动，两人的友谊渐渐修复。

结合我班的励志电影课程，我特意挑了一节课，介绍了周星驰，班会课的题目就是"卑微是人生的第一课"。我通过介绍周星驰的成长历程，他的故事，让班上的孩子们明白：星爷在还没成为星爷前，星爷还很年轻时，他的人生曾如此的卑微。那一周，我推荐了周星驰的电影《功夫》。周一，我们先来讨论观看这部电影的感受，然后让他们写观后感。只见小H写道：真的没想到，真正的高手，都是深藏不露的……

要学会高调做事，低调做人，这才是高手，这也是我一直与小H沟通的主旋律，也是他妈妈一直与他沟通的话题。

小H渐渐开始低调了，脸上的表情变得比以前柔和了些。只是，自主管理时，他常常不遵守纪律，而小干部又不能说他，一说他，一记名，原本的暴跳如雷又展现无遗。

又有一次，明明他吃饭时大声说话，狂笑，检查人员提醒多次无效，被记名后，他把火发到了家红身上，朝他大声训斥，还扔东西，一幅振振有词的样子。当我了解到事情的真相后，真的很想劈头盖脸狠狠地骂他一顿啊！如此的是非不分！

转而一想，骂一顿有效吗？

我把这件事先进行了冷处理，抚慰了一下家红。

等到下午时，我挑了一个时间，把他叫到了走廊上，与他谈心。"小 H，你与许老师之间除了师生关系，还有什么关系呢？"我问他。他不解地看着我。

"我觉得，我们除了师生关系，还应该是朋友关系，是哥们儿。你若有什么不开心的，记得与我沟通，看看我能不能帮你！还有，你若带头违反纪律，我这当班主任的，很难办的。批评你吧，你脸上搁不起！不批评你吧，我在同学面前交代不过去。我不仅是你的老师，也是全班同学的老师，你说对不对？"我流露出为难之色。当他听到我说的"朋友"这两个字时，眼睛一下子亮了。他告诉我，以后一定会好好表现。

我在网上购买了《小古文 100 篇》，当作礼物送给他。我在扉页上这样写道：

亲爱的小 H：

　　愿你通过自己的努力成为一位文武兼修的大材！记住，有一双目光会永远关注你……

你的老师兼朋友：许丹红

后来，他妈妈告诉我，他回到家，开心得不得了，反反复复与妈妈、外婆说这件事。我也多次表达我与小 H 是哥们儿。我说，我希望自己的儿子以后也能如小 H 一般知识渊博。他和我之间的心理距离一天更比一天近了。习作中，作业中，不时看到他对我的赞誉和感谢。

渐渐地，他的脸变得柔和了，再也不与班上任何人为敌了，即便是小 Y 多次招惹，他开始学会忍耐与克制。

池塘里若两条黑鱼在争斗，会搅得满池的浪花飞溅，不得安宁。若只有一条黑鱼在池塘一隅，黯然地搅动，也起不了多大的风浪。池塘依然是蛙鸣鱼肥的池塘。

作为班级核心人物的他转变了，班级开始朝着良好的趋势发展。

"射人先射马，擒贼先擒王。"一个问题班级，问题层出不穷，班主任切不可眉毛胡子一把抓，而要通过观察明确班级中存在的最严重的问题，确认哪一位才是对班级"杀伤力"最强的问题孩子。

（1）先擒"王"，要与这"王"拉近心灵距离。

（2）在孩子生日时，送一本书、送一首诗作为礼物等。

（3）与"王"的家长真诚相待，以鼓励为主，再指出孩子的问题，家校共同携手。

但有些"王"，傲才无礼，根本不把老师放在眼中。当孩子故意刁难你的时候，也是最考验你的时候。班主任要善于用幽默的方式，化解班级问题。修炼一颗宽容接纳的心，方能真正俘获孩子。

第二辑　管理乱象巧破解

妙计 / 21 顺水推舟

┌─────────────┐
│ **我的故事** │ >>>>>
└─────────────┘

"该谁坐上这龙虎榜的头把交椅？"

英语老师陈老师走进办公室，控诉班上的小阳上课时看课外书。她扬言，这家伙如此胆大，将不再还他的书。她的语气里溢满了无奈和愤慨。

怎么如此胆大？我不是一直强调，上任何课，都不能看课外书吗？如何处理这件事？我暗暗思索。

下一节课，正好是我的语文课。走进教室，师生问好后，我没有说一句话，在黑板上大大地板书了这么几个字——"痴爱语文龙虎榜"。"孩子们，来，一起读！"全班孩子不知我葫芦里卖的什么药，看到这一行字，流露出狐疑的目光。在我的指示下，他们高声朗读了出来。

"痴爱语文龙虎榜，大家推选一下，该谁坐上这龙虎榜的头把交椅？"我不露声色地问。

"伊凡。"有孩子提名写作最好的伊凡同学。

"志宏。"有孩子提名朗读最好、语文成绩最稳的班长志宏同学。

"凯洁。"有孩子提名学习最刻苦的学习委员凯洁。

……

"NO!NO!NO！下面我宣布，坐上龙虎榜头把交椅的是小阳。来热烈鼓掌以示祝贺！"孩子们马上心领神会，一个个笑得前俯后仰。小阳坐在座位上，脸红如关公，颇有点不自然。

"孩子们，不要笑，许老师真的被小阳这一份痴爱语文的心打动了。在英语课上，狂看课外书，如此挚爱语文。所以，许老师将送一本《100个励志故事》，作为对龙虎榜状元获得者的嘉奖。"这孩子在众人惊叹的目光中，离开了自己座位，忸怩地接受了我奖励他的礼物，低声说："谢谢你，许老师!"

"小阳，慢走，说一说获奖感言。"我笑着对小阳说。

小阳站在一边，抿着嘴巴，好一会儿才说："谢谢许老师! 我觉得很愧疚，在英语课上看课外书，惹陈老师生气。我保证以后再也不会在上课时看课外书了。"小阳面对全体同学，说出了这么一番话。

"好! 自己能意识到不足，好事情! 看有益的课外书绝对是好事情，但关键是搞清楚看书的场合。毕竟，我们到学校里来，是为了学习各科知识。在课堂上看课外书，这首先是对任课老师的不尊重，同时还让自己听课分神，是一件两败俱伤的事。希望，每一位孩子都能学会克制。更希望小阳能拿出具体的行动来，让陈老师欣慰。也希望全班的孩子能从这件事上得到教训和反思。"

我没有特意再把小阳找来进行思想教育。

后来，我听陈老师说，小阳主动向她承认了错误，并承诺一定专心听讲，好好把英语学好。

听着陈老师的笑声，我由衷地欣慰。

带班锦囊 >>>>>

班主任平时会教导孩子，要尊重老师，而在课堂上看课外书，这是不尊重老师的表现。若有孩子还是被精彩的课外书吸引，捧起了书在课堂上津津有味地阅读，怎么办?

（1）顺手牵羊，顺着孩子喜欢看课外书的思路，大力挖掘孩子看课外书的积极因素，如开设"痴爱语文龙虎榜"，让孩子们推荐榜首。

（2）课余谈心，奖励一本有意义的书。在一种非常轻松愉快的氛围中，通过"冷幽默"的方式，对在课堂上看课外书的孩子进行一番隐性的批评。

孩子心中自有一杆秤，孰是孰非，心里很清楚。面对这样的"幽默"，孩子的内心充盈感动、愧疚，自然错误也不会再犯。

妙计 22 自我批评

捕捉瞬间的教育灵感

中午，小超肚子疼，带他去附近的便民医务室诊治。临走前，叮嘱学生们："千万别吵闹，做到老师在与不在一个样。"

检查，一切无恙，急速回来。等走上四楼楼梯，隔了四个班，隐约听到我班传来的嬉笑声。疾步，往窗口一看，值日班长端坐讲台上，说道："别吵了，别吵了。"可是，同学们熟视无睹，交头接耳的、嬉闹的、离开座位的，整个教室变成了"杂货铺"。

一见我走进教室，立马没了声音。

"哪些人在吵？"我板着脸问值日班长。

"小凯、佳伟、章炜、天强、钟彬、晓义。"一连串的名字从他嘴中冒出。一个个都自觉地站了起来。

这时，胸中的怒火如一座即将喷发的火山，数学老师请假了一个月，我忙碌了一个月，累得快散架，反复强调，可依然这样。"出去！全部出去！"我瞪着眼睛，低沉着声音说，一字一字掷地有声。站着的一个个退到了门外。

"只有这么几个人吗？其余说话的都给我站起来！"齐刷刷的一排。"把手举起来。""两只手，都伸直！"我瞅着每一个学生，愤怒加失望，连我都不知道让他们举手有什么用意，属无意识的脱口而出。

教室里静得连掉一根针的声音都能听见。

我离开了教室，突然发现，门外的几位也都高举着双手。

到了办公室，放下包，心略略平静了一点，又急忙回教室。"放下。"声音依旧低沉，"一个个都上来说说清楚。"

"我真不像话。许老师带小超去治病，我却与同学悄悄地说话。此刻，许老师的心里一定很难过。"

"不，我不难过。"我大声道。

"许老师心里肯定对我们很失望，我们太不应该了。"

……

听着，听着，突然，我意识到：这样的教育和怒气有用吗？两年来，我不是用过几次了吗？接着用，还不是黔驴技穷？我要出其不意，给一点新鲜感。何况这样的发火很伤身体。一条"妙计"在我的脑海中浮现。

"全部回到座位上吧，包括外面的。"

"刚才许老师的心情是失望，但不是对你们，是对我自己失望。教了快两年了，可还没把你们教育成老师在与不在一样，这说明许老师的能力还不够强，方法还不够多，管理水平还不够高。所以，我要郑重地对你们说一声抱歉。"我终于慢慢地控制了自己的情绪，变得平静下来。

"所以，请大家今天放了学，每人写一封批评许老师的信，让我读后能有所进步，对以后管理班级能有所启发。"此刻，他们一个个睁大了眼睛，搞不懂我葫芦里卖的什么药。

临放学了，我又对同学说："自己想写就写，不想写也可以不写，不勉强。"

第二天一早到教室，各小队长把信交给了我。我粗略了看了一下，有20封，大多是说：许老师，不是你没水平，是我们太不像话了。在你的教育下，我们的写作水平、说话能力、考试成绩得到了迅猛的进步等等。其中沈云飞说："许老师，不是我拍你马屁，你是我见到过的最有计谋的老师了。是我们太像疯狗一样，太爱吵闹了。……"

该揭晓真相了（不然，他们还真以为我没本领呢）。我走进了教室，问："你们说，许老师对你们满意吗？"57位学生都纷纷表示我不满意。

"不，错了。本学期，我对你们的满意程度达90%，你们瞧，本次单元考试，90分以上的，四个班级数我们班最多了。王老师不在一个月，数学成绩照样不比别班差。而且我们班同学发言的水平、思维的灵活性以及作文水平领先于其他班级。所以，我对你们挺满意的。这10%的不满意就是没能做到老师在与不在一个样。"学生听了，一个个喜滋滋地咧开了嘴。

"知道昨天许老师用了孙子兵法里的什么计策吗？"我欲擒故纵。

他们猜了几个后都不对，表示猜不出。

"那我就揭晓谜底了——声东击西。我用自我批评的方式，想搞一个'学会感恩'的调查，看哪些同学，心中有老师，学会了感恩和感动——给老师写信了。结果只有20位，不满意。"写信的一个个眯起了眼睛，没写的纷纷红了脸。

"大家回忆并思考一下，昨天我让大家把手举高是什么意思？告诉你们，那是希望你们向上。懂吗？向上，再向上。"学生恍然大悟，笑了。

"同学们，一个人一定要有一颗懂得感恩的心……"我滔滔不绝地说了起来，学生的眼里充满了钦佩和崇敬。

一整天，数学自修，教室里安静极了。那是从来没有过的状况。

"教育是什么？教人变！教人变好的是好教育。教人变坏的是坏教育。活教育教人变活。死教育教人变死。不教人变、教人不变的都不是教育。"我庆幸，这突然降临的教育灵感，让我体会到了陶老先生的话的意蕴。

带班锦囊 >>>>>

每每看到这一案例，我不由得为自己捏了一把冷汗，为自己一开始的不理智、不温情汗颜。做到老师在与不在一个样，其实是带班的最高境界。只有我们的孩子学会了自我管理后，自我教育方能实现。这对于五六十个人的大班来讲，真的是难上加难。智慧应对，应该是班主任带班的主旋律。

（1）自我批评。从自我入手，检讨自己。我让孩子给我写信提意见，并把这一次活动命名为感恩教育。出其不意，在孩子们面前适当装弱，进行自我检讨，自我批评，可震撼孩子们的心灵。

（2）约法三章，签订安静合同，有奖有惩。当老师不在，孩子们安静时，可通过奖励少做家庭作业等方法，来提高学生的自我教育能力。

教育，最忌率性地大发脾气，既伤身伤心，又于事无补。

我的故事 >>>>>>

不经意带来的欢乐

踏进班级，发觉学生正用一种怪怪的神情朝我凝视。正当我纳闷时，"唧唧唧唧"，传来一阵鸟鸣。循声瞧去，电视机的铁栏上竟然凌空悬挂着一只鸟笼。一只黄毛红嘴的鹦鹉在快乐地上下翻腾、跳跃。

我的瞳孔放得老大，嘴巴张圆，正当我想问怎么回事时，猛地，几天前的情景——浮现——

周二批阅生活作文时，小豪的《一只美丽的小鸟》写得生动有趣，一改他往日的文风，当时我有点儿怀疑是"克隆"来的，故在文末幽默地写道："是你家的小鸟吗？如此的有灵气！不是一家人，不进一家门，莫非是受了小主人的影响？嘿嘿！啥时候拿来，让我也感受一下小鸟带来的乐趣。"

我将他的文章作为范文，让他当众朗读给同学们听。当他读完我的评语后，我戏谑着又补充了一句："可要拿来的噢。"他眯着一双可爱的小眼睛问："那我什么时候拿来呢？"我随口说："就星期五吧。"

此话纯属玩笑，我过口就忘。

万没料到，他真的提着鸟笼，把小鸟带了来。他家离学校约两公里。若是步行，一路拎来手可酸了。若是骑车，那一手扶车把，一手拎鸟笼，不是很危险吗？何况今天又下着蒙蒙细雨！想想自己，就这么一句不负责任的玩笑话，要带给他多少的麻烦。我心里负疚极了，不尽地责怪自己。

上课了，鹦鹉不时地发出清脆的叫声，吸引着同学们的注意力，同学们喜滋滋地望着它，一张张脸洋溢着春天般的笑容。我被他们的快乐情绪感染，情不自禁地走到笼边，仔细地瞅了起来，只见它一会儿喝水，一会儿唱歌，一会儿跳跃，煞是玲珑可爱。"自在娇莺恰恰啼。"我赞叹着说，"多可爱的鸟儿！"学生们看着我沉醉的样子，脸上洋溢着甜蜜的笑容，纷纷告诉我，它已学了一早晨的英语了。

索性，我停上语文课，就地取材，借它作为写作的材料，让孩子们边聆听小鸟的欢叫，边以小鸟为题材动笔写文章。

唰唰地，同学们提笔写了起来，有的写早上见到小鸟一刹那的惊奇；有的写大家围聚在鸟笼旁，看鸟儿腾跃；有的写小鸟离开了妈妈很是孤单；有的以小鸟为线索，编写了美丽的童话……孩子们文思泉涌，一篇篇活泼有趣可爱的文章，在他们的笔下诞生了。

此刻，我才真的理解了，贴近孩子的，孩子们感兴趣的，最能引起他们的共鸣，才是最有生命力的。

不经意的一句话，让有趣的小鸟来到课堂，在孩子们心灵的记忆沙滩上，会带来怎样的刻骨铭心，怎样的欢欣鼓舞，怎样的难以忘怀呢？负疚之余，多了许多的欣慰！

带班锦囊 >>>>>

生活处处即教育。原本，置身于课堂的小鸟，不时鸣声啾啾，不断分散着孩子们的注意力。索性，让孩子们以此为素材进行写作。孩子们文思泉涌，教育生活弥漫着快乐。常会遇见一些课堂上的小意外，比如蜜蜂或蝴蝶突然不约而至飞进课堂，比如正上课时突然听到噼噼啪啪的鞭炮声，大家不时伸头到窗外等，这些意想不到的干扰课堂的事情，会突然打乱上课节奏，教室里一片闹哄哄。

（1）不妨先把课堂上的内容暂且放一放，就地取材，让孩子们进行观察、讨论，再写成小片段，即兴来个现场五分钟写片段小比赛。

（2）若是低年段，可让孩子们说一说。

注意力高度集中的五分钟，带给孩子们别样的体验。

妙计/24 虚拟形象

一封给桌子的信

捧着《帕夫雷什中学》，一段话映入眼帘："大家知道，任何一种教育现象，孩子在其中越少感觉到教育者的意图，它的教育效果就越大，我们把这一条规律看成是教育技巧的核心，是能够找到通向孩子心灵之路的基础，是能够那样去接近他，以至于达到使吸引他投入其中的任何一项活动对于他都成为需求和迷恋向往之事，而教师则成为他的同志、朋友和志同道合的这种境地的基础。"心猛一颤动。

刚开好党员会议，发现班上孩子的抽屉脏乱不堪。前段时间已提出，须整理干净。瞧这群衣来伸手、饭来张口的孩子，如算珠一般，拨，动，不拨，无动静。怎么触其心灵，又教育无痕？我的目光渐渐移到书桌上学生写给我的书信。信……一条妙计在我的脑海浮现：孩子们不是最喜欢童话吗？哦，我何不以桌子的名义，写一封信给我，然后，读给孩子听？对，就这样，好极了。

我连忙动笔唰唰地写——

亲爱的许老师：

你好！

不好意思，冒昧打扰你了。我实在是太痛苦了，才不得不提笔写信给你！许老师，不，大姐姐，我最喜欢听你的声音了。你经常给我的小主人讲故事、说笑话，还评他们为"阳光小王子""聪明小公主"，可大姐姐你知道在你眼里这群可爱机灵的学生的另一面吗？今天，我要好好地向你倾吐一下肚中的苦水。

哦，忘记告诉你了，我是你班上的某一张桌子，我每天都处在水深火热之中。每天早晨，我可爱的小主人，因为家长的宠爱，时常吃香喷喷的粽子、饼干、香肠等食物。可每一次吃完后，装东西的袋子，他从来不扔到垃圾箱，而是往我肚中一塞，油腻腻黏糊糊，半天过后，发出一阵异样的味道，我好想呕吐！可是我的小主人却从没在意过我的感受，一放就是十多天。有一次，一个白色的塑料杯还长出了绿绿的毛。一想起这，我浑身起鸡皮疙瘩。手工课上、美术课上，他把剪剩的垃圾一股脑儿往我肚中塞。

都说不讲卫生的小孩讨人嫌，可我的小主人却从来都没给我洗过脸。数学课上，竟用铅笔在我白嫩嫩的脸上打草稿。我又疼又难受，不停地呼喊、哀求："小主人，求求你了，饶了我吧。别这样了，好吗？"可他理也没理我，一如既往地打着草稿。他把各种暂时不需带回家的书啦、本子啦、字典啦，乱糟糟地全塞在我肚子里，每天让我鼓鼓囊囊，很不难受。当他要找本子或书时，就在我肚中乱翻乱找，宛如孙悟空大闹天宫似的，弄得我五脏六腑都快碎了。

大姐姐，你知道吗，在我的小主人的虐待下，我每天都过着生不如死的日子。那垃圾散发的馊味，杂乱东西发出的霉味，弄得我每天都吃不下饭，睡不好觉。我整夜整夜悄悄地抹着眼泪。大姐姐，我实在忍受不了了，我知道我的小主人最听你的话了，所以冒昧写信给你。我真的不能再过这样痛苦的日子了。求求你了，大姐姐，帮我教育一下你的徒儿，答应我，好吗？

祝：工作顺利！永远年轻美丽！

一个痛苦不堪的可怜孩子：桌子

2005 年 11 月 5 日夜

满满的一张纸，我改了又改，读了又读，乐滋滋地套上信封，放进了包里。

第二天早上，我走进教室，把手中的信扬了扬："小朋友们，刚才许老师来上班，收到了一封信，大家想听许老师读吗？""想！"孩子们异口同声地喊着。孩子们一个个睁大了眼睛，挺直了身躯，热切地望着我。

我拿出信纸，展开，捧着读了起来。

孩子们的瞳孔慢慢开始放大，嘈杂声四起。"谁呀？到底是谁呀？"你看看我，我瞅瞅你，丈二和尚摸不着头脑。我没理会他们，依然声情并茂地读着，并偷偷观察着孩子们的脸色，有的写满了惊奇，有的充满了狐疑，有的露出了微笑，还有学生悄悄地低下头查看抽屉……

"小朋友们，听了这封信后，你有什么想法和感受吗？"我笑眯眯地问。

"桌子与人一样，也要讲卫生，我以后要爱护它。"

"我们要呵护桌子，不让它受到一点儿的伤害。"

"桌子天天与我们为伴，而我却从来都不考虑它的感受，常常在上面打草稿，真惭愧！"

"我以后一定要改正缺点，让桌子快乐起来。"

……

"我知道我们的小朋友有许多的话要对你的桌子说，那就请你跟桌子说说你的心里话或写一封信吧。"

"好！"孩子们齐声答道。

中午，我去教室批改作业。小宏特地走到我身边："许老师，真的是桌子给你写的信吗？""当然了，还会有假吗？"我头一歪，反问道。

"我知道不是的。是许老师你写的！你是想教育我们。"小宏说得头头是道。

"桌子不会写字的。而且我还看见那些字的一竖都很长，这是许老师的笔迹。"小梅观察得很仔细。

尽管孩子们知道那封信不是桌子写的，而是我写的，但他们的心灵仍然受到了触动。迎接我的是孩子们写的一封封真挚的信，以及一个个干净整洁的抽屉。

带班锦囊 >>>>>

借用桌子的名义给班主任写信，信中控诉自己的痛苦和难受，如此富有童趣的寓教于乐的方法，怎能不让孩子们觉得好玩之余又陷入深深的反思呢？

在管理班级的同时，我们常常会碰到一些难题，怎么办？

不妨虚拟一个孩子们喜闻乐见的形象，比如熊大、熊二、光头强、蜘蛛侠、功夫熊猫、小黄鸭等孩子们特别喜欢的形象，针对孩子们平时做得特别好的地方或者做得特别不好的地方，以这些形象的名义，来夸奖孩子们或者向孩子们求助，抑或倾吐烦恼，用生动有趣的方式来进行教育。

寓教于乐、别出心裁的方式，在让孩子们开心的同时，也能提升他们的反思能力与行动力。

妙
计/25 幽上一默

方言与普通话

中午，到办公室才刚打开电脑，只听见我班大队委员梦龄的一声响亮的"报告"。

紧接着，她递给我一张白色的纸条，原来是一张扣分单。她说："豪威已经两次讲方言。上次检查时提醒了他一下，没扣，这次扣了一分。"

此时，心底的肝火忽然有点微微飞跃。上周，整个行知楼就我班在讲方言上扣了分，周一升国旗宣布时，令大家颜面无存，怎么又……

"快，把他叫来！"我火冒三丈地说。

不一会儿，一声怯怯的"报告"。只见他低垂着脑袋，脸涨得通红。瞧他害怕的样子，我的气消了。算了，面对这么内向的同学，还是少用严厉批评吧。

"豪威，许老师真没想到，你如此地热爱家乡。我代表66万桐乡人民，为你的这颗炽热的爱乡之心而感动，为你为保留桐乡方言所作的努力而鼓掌！"

他一边听我说，一边抿着嘴巴，眼睛笑成了一条缝。

"老规矩！扣了分，要干什么，去准备吧！"我班班规，凡扣一分，300字说明书一张，并当面向同学道歉。我朝他一挥手，他笑着离开了教室。反正分已经扣了，严厉地批评，又有何用？发火可是很伤身体的。

终于等到了第三节课，该我执教了。

师生问好后，我神情严肃地说："同学们，你们知道吗，因推广普通话，我们中国正每天流失两种方言，而且速度还在递增。简直痛心呀！"我微微皱眉。

"那光辉灿烂的文化，悠久的历史，正在无意识中缓缓消失。语言学家，痛心呀！"学生有点摸不着头脑，一脸的惊愕。

"失去语言就是失去我们的根！语言学家发出了这样的感慨——谁来拯救我们的方言？"学生听了这句话，表情也随之变得严肃起来。

"在我们班级里，有这样一位同学，他听到了语言学家、社会学家的呼吁，他用自己的行动响亮地说：'让我来吧！'"我声音提高了八度，响亮地说。学生立刻笑得前俯后仰。

"于是，为了让我们桐乡的方言发扬光大，名扬世界，他，心甘情愿地，无所畏惧地，接受老师的批评，将潇潇洒洒地写300字说明书，甚至，不惜牺牲班级的荣誉。如此的一颗炽热的爱乡之心，如此的一份爱乡之情，深深地震撼了我。"我善意而激情地说着，没一丝嘲讽的口吻。

"同学们，你们震撼了吗？"

"震撼！"学生异口同声地喊了起来。

"那请允许我代表桐乡市市长，向这位同学表示最诚挚的感谢！"学生们咧开了小嘴，跟着我的掌声也啪啪地鼓了起来。

"可是，"我马上话锋一转，一本正经地说，"可爱的同学们，爱家乡是好，爱家乡的方言也好，但务必请注意讲究方法。敬请在座的各位在家爱方言，在校练普通话。有则改之，无则加勉。"

"Yes！"全班同学齐声说。

豪威笑着不好意思地低下了头。

此时无声胜有声。愿教育与快乐同在。

带班锦囊 >>>>>

一位优秀的班主任，同时也应该是一位幽默的老师。师生之间的相处，应该是丰富多彩的。而幽默的老师，往往是最受学生欢迎的。

幽默是一个人积极向上的心态的反映。有的班主任天生具有亲和力，幽默风趣，但有些班主任生性内敛。如何让自己拥有幽默感呢？

（1）班主任要拥有乐观向上的积极心态。

（2）平时博览群书，收集一些小故事、小笑话，以及注意生活中的一些幽默元素。

（3）注意挖掘事件中的幽默元素，比如上文中把在校说方言，说成爱家乡，并表示感谢，相信这样的幽默委婉的批评方式，孩子更乐于接受。

诙谐幽默地教育，教育效果往往更好。教育，真的是需要一些智慧和温情。

妙计 / 26 　慧眼识珠

握住欣赏之笔

唉，又要批阅生活作文了，我无精打采地握着手中的笔，长长地叹了一口气：日子在庸碌与繁忙中悄然而逝，可每周一次的生活作文，却丝毫不见细微的长进，绞尽脑汁，想尽各种办法，却成了少数几位优等生施展身手的舞台，对大多数学生而言，要么抄袭，要么胡编乱造，要么潦潦草草，甚至有的干脆不做。学生纯粹例行公事般交差。每周一瞧着课代表记录本上一串或不做或字差的学生名单，无比懊恼和惆怅，此时岂是一个"烦"字了得！

瞧着歪歪扭扭的字，批的过程更是痛苦不堪。日复一日，生活作文犹如一条暗无天日的死胡同，让人看不到希望。

怎么办？我思索着……第斯多惠说，教育的本质在于激励、唤醒和鼓舞。对！与其愁眉苦脸地找缺点，不如兴高采烈地寻长处。我一阵激动，为自己的好点子而窃喜。

我迅速打开学生的作文本，用一种全新的欣赏的眼光。字端正匀称，评"最佳书写奖"；作文选上临摹，评"最佳克隆奖"；捏造情节，不合情理，评"最胡编乱造奖"；所选题材令人发笑，评"最佳幽默诙谐奖"……"最有创意奖""最佳精神奖""最关心家人奖""最佳技巧奖""最吸引人的细节描写奖""最爱劳动奖"……再差的文章总能找出一两处闪光点吧。写得很短怎么办？干脆评他个"最精练奖"吧。啊，此文没有重点，流水账，就评个"最无味奖"。哇，小超怎么字写得这么好，内容又如此有味，嗨，评个"脱胎换骨奖"吧……一边批，一路喜笑颜开。换一种角度，一种豁然开朗的愉悦感迎面袭来。

巧设名目，56位同学，其中40位捧走了各种各样的桂冠。原来，老师的权力这么大呀！我情不自禁地笑了起来。

"佳伟的《文具盒被砸》被评为'最佳题材奖'。""琴仙的《同桌》被评为'最值得可怜奖'。"……学生在短暂的瞠目结舌后，掌声此起彼伏，一个个小眼发光，小脸通红，处于极度的新鲜和兴奋中。

报完获奖名单，顺水推舟问："最爱听哪个奖项来朗读？""天强，'胡编乱造奖'。""云飞，'幽默诙谐奖'。""豪威，'最无味奖'。"……被点名的同学乐滋滋地上台朗读。"豪威，你怎么没抓住重点写呢？""天强，那怎么可能呢？"……听者脱口而出，朗读者不好意思地笑了。随风潜入夜，润物细无声。这不是相互指点怎么写吗？笑声、朗读声、指点声、赞叹声，此起彼伏，奏起了一曲和谐的师生交响乐。

之后，慢慢地大多数学生都变得爱写生活作文了，而每周一节的汇报欣赏课则成了同学们翘首以待的时刻。批阅自然而然成了一种享受。日子似乎因之而变得饶有情趣。

透过赞美的目光，握住欣赏的笔，原来快乐可以这么简单，教育可以如此愉悦。

带班锦囊 >>>>>

欣赏优秀的孩子谁都会，是做班主任的本能。但欣赏中等的孩子或弱势的孩子，并不是每一位班主任都能做到的。

（1）以公正的态度欣赏孩子。教育要面向全体，努力用平等的眼光看待身边的每一位孩子。老师的一次点头、一个微笑、一句表扬就如同一场知时节的好雨，赋予幼苗向上的信心和生长的力量。以公正的态度对待每一个孩子，给每个孩子以发展的机会。

（2）以宽广的胸襟欣赏孩子。也就是说，我们要宽容孩子的过错，允许孩子犯错误。作为一名教师，我们不仅要看到孩子的可爱之处，还要接纳孩子的不足。

握住欣赏的笔，想尽一切办法，去挖掘孩子身上的优点，从而调动他们学习的积极性。老师笔下有的是鼓励、信任和温暖，不是吗？

妙计 / 27　学做大夫

我的故事 >>>>>>

诊治粗心的若干良方

"粗心综合征"在班上泛滥成灾，几乎遍及每一个孩子。这里少一个标点，那里漏做一道题，这儿抄错一个字，那儿审错了题……唉，粗心马虎，错字连篇，不审题，漏做，瞎做，不查字典，不翻书本查证，不检查……种种粗心陋习，已成了学习上的头号重症，折磨得为师者肝火直升，心力交瘁。

苦思冥想，几经辗转，得良方若干，食用，肝火遂宁。

之一：糖衣片。

但凡在作业本上发现一处粗心，比如错字、漏字（审错题或漏做可计三处），就在旁边作上一个小标记△，然后按照这△的多少，分男女两组进行比赛。最少的前六位男女生荣升为"细心王国成员"，男生依次为细心皇太极、细心国王、细心大阿哥、细心小阿哥、细心哥哥、细心弟弟，女生依次为细心皇太后、细心王后、细心大格格、细心小格格、细心姐姐、细心妹妹。可每一周进行一次评比，然后让孩子们戴上自制的"王子""公主"的帽子，摆好架势，在教室内巡游，其余的孩子充当百姓，观看他们的出游，冠名为"细心王国出城记"。学生们对此饶有兴趣，欢声笑语充盈教室。

对上榜的次数进行记录，每月再进行评奖。前六位男女生，奖励拍照并张贴在班务公开栏里，同时向家长发喜报。

此药药效奇佳。好玩、有趣、刺激，但用药次数过多，失却新奇，会产生抗药性。

之二：苦味片。

"重赏之下必有勇夫"，同样的道理，"重罚之下必更细心"。每一次作业，但凡有四个△者，对不起了，必须写300字的说明书，写明当时做作业时的态度，以及写错的原因。常常是后悔、自责、呐喊、保证，连同当时的环境描写，有声有色，感天泣地，这既提高了写作能力，又能作为教训加以反思，一举两得。即所谓的"良药苦口利于病"，妙不可言！

此药药效佳，副作用强。切忌多用，一旦产生厌倦或厌学，得不偿失。要适可而止，不能增加学生的负担。

之三：麻辣片。

以不变应万变。让粗心得厉害的学生，上台表演节目。条件：必须让全班同学大笑。你可十八般武艺全使出，可唱可跳可背古诗甚至还可学猫叫狗叫，总之，必须让全班同学开怀大笑，半数以上举手放你下马为止。

皱眉、吐舌、张嘴……看你此刻模样怪怪的，谁让你这么粗心、马大哈呢？谢谢你，给大家带来了欢乐。

之四：酸馊片。

锁定粗心得厉害的学生，即兴编笑话，与同学们共享。

"瞧。小林小朋友，周日时骑着自行车得意洋洋地上街，骑过一座小桥。看见一位青年正在钓鱼。他放慢了速度，撑出脖子朝河面看。'哎呀！我的妈呀！'一块石头拦在前面，他来了一个人仰马翻，连车带人一起摔进了小河中，幸好河水只是齐腰深。"哈哈哈哈……孩子们听得大笑，小林吐着舌头，只好自叹倒霉。

此药便捷，效果好。但研制者必须不断训练火候，博览群书，多看笑话，方能信手拈来。

之五：咸腥片。

收集粗心导致大祸的中外故事，比如苏联宇航员不能顺利返航，是因为检测时疏忽了一个小数点之类的故事，召开"都是粗心惹的祸""我不做马大哈"等主题班会，让大家从身边的故事、中外故事中，吸取教训，提高警惕，驱逐"粗心"！

"治是为了不治"，在种种良药诊治下，终有一天，这"粗心综合征"会慢慢消逝，乃至无影无踪。

带班锦囊 >>>>>

粗心是孩子前进路上的拦路虎，似乎一说粗心，就可心安理得地原谅：不是因为笨，也不是因知识没掌握好，而仅仅因为粗心！

班主任可用饶有趣味的药方，学着做大夫，帮助诊疗孩子的"粗心"。除了上述良方，还可采取下列药方：

（1）建立错错本。

（2）训练学生"快速一次对"的习惯。

（3）请家长有效监督。请求家长监督，但凡作业检查出错字时，务必请家长采取措施：或惩罚背一首诗，或没收一天零花钱等，要能触动学生的心灵，以提高学生对基础知识的掌握。

（4）让孩子时刻提醒自己：不要用粗心来原谅自己。

（5）每次读题时，用笔指着，一个字一个字地读，将大大减少审错题误。

妙
计 / 28 顺道而行

教育需要韧性和智慧

工作这么多年，看了颇多的教育现象，时常处于感慨中。其中，两位老师对待逃学孩子的态度给我留下了极其深刻的印象。

一个孩子因为懒惰不做家庭作业而不愿上学。一旦被家长送来，那位漂亮的女老师就会剥夺他所有副课时间，总是让他在办公室里补做作业。全部补完，才放孩子回教室。有时候，这逃学的孩子趁老师同学不注意时，偷偷又溜出去了。老师急忙汇报给他在村小任教的爷爷。第二天家长送来了，又拉开了补做作业的一幕。过不了几天，相同的一幕又栩栩上演。千篇一律……除了补作业还是补作业。

另一个孩子，贪玩，不做作业，逃学。与我同教龄的一位智慧的男老师，一开始不停地与他在走廊上谈心，效果不是很好，孩子上学依然想来就来。他转换策略，登门家访，调查情况。原来，孩子不爱读书，迷上了去小沟钓龙虾。当某天孩子又没来上学时，他蹬着自行车四处寻找，发现他一人在离家不远的沟边钓龙虾。老师耐着性子，陪着他钓了一天的龙虾，并以高超的钓龙虾水平，折服了孩子。第二天孩子来学校上学了。可半个月后，这孩子又开始逃学了。老师时时处处用心，又有一回发现他在中学打篮球，就陪着他打了一下午的篮球。此后，这个孩子再没出现过不上学的事情，成绩大幅度提高。

类似的事件，不同的处理方式，结果截然不同。这说明了教育需要智慧，而绝不能靠蛮干。大禹治水利用"疏"的方式治水成功。而尧舜采取"堵"，治标不治本。孩子家庭作业不愿意做，让他利用其他课补做，那他对学校更加厌恶，没有从根本上解决孩子的"厌学"问题。每一回孩子来到学校，都是永无穷尽的补作业，这种单一死板的方式，怎会触及孩子的心灵呢？教育要走进孩子的心灵。一个孩子，哪怕最顽劣、最调皮的孩子，心灵深处都有着被理解和尊重的渴望。

教育是需要执著的，又需要讲究策略。另一位老师，耐着性子陪孩子钓龙虾一天，他的执著和耐性感动了学生。当教育充盈着老师的关爱和决不放弃的毅力时，它会在孩子的心灵上产生强烈的震撼！

记得陶先生曾在《师范生的第一变——变个孙悟空》中说："师范教育是什么？教学生变成先生。先生是什么？自己会变而又会教人变的是先生。师范生不是别的，是一个学变先生的学生。自古到今，从东到西，我找来找去，只找着一位差不多可以比得上这学变先生的学生。你猜他是谁？是那保唐僧西天取经的孙悟空。"

带班锦囊 >>>>>

做班主任，时常会遇见各种各样的孩子，各种各样的家庭，甚至让你措手不及的状况也屡屡碰到。

一个真正顽强的老师，在战略上是执著的，目标始终如一，那就是唤醒孩子内心的潜能，想尽一切办法让他喜欢学校，喜欢教室，热爱学习。

（1）投其所好，在孩子的兴趣上着手，多举办他喜欢的活动，顺着他的兴趣，陪着他一起做他热爱的事情，帮他找到他在班级中的位置感和存在感。

（2）灵活多变。不要死守着一个法子，当这种办法不行时，就换另一种办法。不断地尝试和摸索。只要愿意琢磨，办法总比困难多。假如用某种方法多次碰钉子仍然拒不改变思想和套路，那就是死板了。

妙计 29 举手之劳

挥笔缔造快乐

批阅试卷时，正为学生的稀奇答案而怒火暗生时，突然一段话映入我的眼帘："我想：这命运也会被战胜的，只要我以后加把劲儿，一定也可以从一个吵闹孩子变成一个优等生的，不再因吵闹而使妈妈失望，我要努力争做学习尖子。"

谁呀？急忙翻到前面一看，小炜？这是他的心声吧！小炜，一个多动的孩子，六年级了，上课的时候，手脚动个不停。除却语文课还算积极发言略略好些之外，其他课，简直不能控制，东张西望，家庭作业也是一塌糊涂，马虎潦草……他妈妈在我面前不知流过多少泪……哎，劣迹斑斑的小炜呀！

可是，他答的内容与所要求的有很大的距离，我不假思索地扣掉了 5 分。往后又批了几张，心里一直忐忑不安。

苏霍姆林斯基说，任何一个学生的心灵深处都有做好学生的愿望，教师的使命就是强化这种愿望，呵护这种愿望。那可是他心里最美好的希冀，我怎么能磨灭他的热情和激情呢？作为老师，应该帮助他，呵护他的美好愿望，唤回他的自信。

于是，我翻到他的考卷，毫不犹豫地划去了扣 5 分，提起红笔在旁边写道："亲爱的小炜，老师被你的这番话感动了！我相信，聪明的你通过努力，一定能取得好成绩的！我期待着！"

第四节课，我进了教室，给学生分析考卷。小炜一拿到考卷，没多久就发现了这段文字，笑脸一直如盛开的山茶花。

这节课，小炜听得非常认真，脸上一直洋溢着笑容。美国教育心理学家吉诺特博士说：身为老师，我具有极大的力量，能够让孩子们活得愉快或悲惨，我可以是制造痛苦的工具，也可以是启发灵感的媒介，我能让人丢脸，也能叫人开心，能伤人也能救人。

倘若我刚才扣了他5分，分析考卷时，把他作为一个错误思路的典型例子讲解给全班同学听，那又会怎么样呢？

我不寒而栗，止不住为刚才的处理而喝彩！

带班锦囊 >>>>>

有句话说，教师口袋里有的是分数、温暖。

挥手是云，覆手是雨，许多时候，学生的快乐与悲伤全在老师的一念之间。用一颗爱心，给学生缔造快乐；用一份热心，给学生制造温暖；用一颗真心，给学生创造幸福。我们要鼓励学生，呵护学生，相信学生，抚慰学生的心灵，让欢乐爬上孩子的眉梢。

而这一切竟只需举手之劳！

（1）在孩子课文的扉页，多写赞美的话语，作为对进步孩子的表扬。让他一翻书就觉得温馨。

（2）批阅考卷时，不要以严厉著称。唤醒一位孩子学习的热情，永远比成绩更重要。

（3）经常用"笑脸、苹果"等简笔画或"你的作业真是干净整洁，你的作业散发出香味"等字眼对孩子进行鼓励。

妙
计 / 30 用进废退

与"小托蒂现象"挥手告别

《求是》杂志登载了这样一个故事：意大利男孩托蒂有一只十分奇怪的眼睛，从生理上看，这只眼睛完全正常，但它却是失明的。原来，当小托蒂呱呱坠地时，由于这只眼睛被轻度感染，曾被绷带缠了两个星期。正是这种对常人来说几乎没有任何副作用的治疗，却对刚刚出生的、大脑正处于发育关键期的婴儿托蒂造成了极大的伤害：他的大脑因为这只眼睛长时间接受不到任何外界信息，就认为它瞎了，于是原先该为它工作的大脑神经组织也随之"战略转移"了。小托蒂的遭遇并非特殊个案。后来，研究人员在动物身上做了许多类似实验，发现结果都是一样的，都严格执行这一"用进废退"的规则。

"用进废退"的规则，每一个教育者都深有体会，比如文章越写越好，读课文越读越流利……

班级里的小伟同学，平时口才很好，然而，却不会读课文。短短的20字的一句话，需要反复朗读六七遍才能读通。刚接手时，原任教老师告诉我，小伟根本不能读课文，教都无法教。的确，每次研读新课时，往往因他的朗读而延误时间。在农村家长无法督促的情况下，平时我派学生专门陪他读课文十分钟，但他调皮难管，效果不明显。

怎么办？突然有一天，我想到了"用进废退"的规则，一定要花力气转变他"要我读"为"我要读"。某天，我悄悄带他到办公室，反复带他朗读课文。语文课上，小伟又被抽到朗读。果然，比原来好了许多。同学的掌声之后，我说："同学们，小伟的朗读水平，最近进步神速。为了鼓励和奖励，许老师决定周六的早读由他带领。""哇噻！"下面的同学一片惊呼。向来，这是优等生的舞台。小伟更是喜滋滋地合不拢嘴。

正是这"带领早读"的荣誉和无数次的锻炼机会（一开始，带早读不很流利，同学们都帮他），使他在家偷偷地一遍遍反复训练，朗读水平迅猛前进，其速度之快，令人惊讶。课堂上，常能听到老师和同学对他的称赞。勤能补拙，自信可以焕发无穷的动力，如此良性循环，造就了一个崭新的小伟。

常识课上，我让一些口才弱的学生，充当"提问小老师"，激发他们的自信，训练他们的胆量。而写字差的同学，常常有"抄黑板上词语"的任务，其书法潜能得到挖掘。或许开始时不尽如人意，耐心一点，再耐心一点，多几次机会，就会"柳暗花明又一村"。

带班锦囊 >>>>>

面对"用进废退"这一现象，我们应努力做到：

（1）饱含热情，指点方法。孩子在某一方面存在缺陷，主要是他在这个方面还没有掌握要领，没有入门。那么，老师要挤些时间，加强对孩子的个别指导。

（2）鼓励为主，多多锻炼。熟能生巧，要想让孩子拥有一种能力，须达到一定的训练量。要多给机会让孩子锻炼，老师则以正能量的引导为主。兴趣是最好的老师，当孩子产生了兴趣之后，就会形成一个良性循环。

（3）锤炼耐心，学会等待。一开始，孩子肯定做不好，或者你指点了好多次，依然做得不是很好，这时候，最需要老师有耐心，不放弃。要学会等待，可以在课余时间，让这方面擅长者多引导孩子，孩子会突然顿悟的。

让我们以满腔热情为那些暂时存在缺陷的孩子创造锻炼机会，为他们搭建施展才能的舞台吧。

妙
计／31　身先士卒

我的检讨说明书

作文比赛失利了，我从教以来第一次"剃光头"，心里颇不是滋味。怎么向全班同学交代呢？把参赛的三位孩子训斥一番？可除了打击他们的积极性之外，能有什么收获？不向全班孩子公布？蒙混过关，不了了之，不符合我磊落的风格。怎么办？这会不会是一个教育的好契机呢？

"率先垂范，给学生以楷模感；温和慈爱，给学生以亲切感；与时俱进，给学生以敏锐感；坚守承诺，给学生以诚信感；豁达坦率，给学生以开朗感；处事果断，给学生以效率感；谦逊诚恳，给学生以民主感；博学多才，给学生以钦佩感。"突然，《师道》杂志上的一段话，映入我的眼帘。学高为师，身正为范，面对作文比赛的失利，为什么我不能从主观的角度，如孩子们平时做错事情一般，写说明书反思呢？我主动写反思，总结经验教训，读给孩子们听，权当检讨说明书，不正给学生们树立了一个勇于承担责任的好榜样吗？

我打开 word 文档，快速地敲打着，总结、分析、反思、检讨，不一会儿，一篇题为《我失败了……》的千字小文诞生了。

当我把我的意图告诉两位好朋友时，一位由衷地感叹："佩服你！"另一位出于好心，对我说："你千万别这样做，做老师不妨糊涂一点，这样会弄巧成拙，不利于你在学生面前树立威信。"我心里有了一丝的犹豫，转而一想，根本无须担忧。老师身先士卒，只会赢得学生的尊敬。李镇西老师错批了学生，还惩罚自己独自一人打扫班级呢。老师能放下师道尊严，低下身子，处于孩子的位置，主动承担责任，那以后的教育不是更有说服力吗？言传身教，率先垂范，在学生面前树立一个良好的形象，增强自己教育的亲和力、感染力和影响力，何乐不为呢？

我郑重地宣布："亲爱的孩子们，非常遗憾，这次作文比赛我们班三位孩子无一人进决赛。这是我们的遗憾，也是我从教以来的遗憾。为了弥补这份遗憾，为了总结和反思，为了更好地前进，我写了一份1300多字的说明书，向全班同学作检讨，承担我这语文老师的责任。"我的话刚说完，孩子们都很吃惊，眼睛瞪得老大。"有没有搞错，1300多字？"马上有孩子在下面窃窃私语。

预感失效啊，潜意识中，感觉这次作文比赛，我班会取得很好的成绩。人生如逆水行舟，不进则退。人啊，不能沉浸在光环中沾沾自喜，当你暗喜时，危机早已四伏。

作文比赛结果出来了，始料未及，如当头一棒，击得我眼冒金星，头晕目眩。"光头"啊，三个孩子皆没进前六。这初赛未入围，影响重大，我们将与明年的市作文比赛失之交臂。

唉！一个多么不堪的历史记录啊，记忆中，但凡参加作文比赛，在原来的学校，第一、第二名绝对包揽，到这里三年，市级比赛中也经常出现我门生的身影。而如今……笑谈风生的背后，心痛如波浪袭来。作为一位班主任，我允许孩子们在比赛中失利，但作为一位自认为还算优秀，对作文教学情有独钟的语文老师，我真的无法原谅自己。

我明白"首席才女"是同事对我的鼓励和赏识，我从没坦然接受。一位喜欢写、愿意写的语文老师，竟没让学生在作文比赛中入围，那不是匪夷所思吗？……

我拿着打印好的文章一如既往读课文般，充满感情地朗读着。孩子们聚精会神地聆听着，眼睛眨也不眨地看着我。

"失败并不可怕，关键是要从失败中站起来，不断地反思，不断地总结。

我想：迎接我的依然是灿烂的明天！"当我读完最后一句，不知谁带的头，竟然响起一阵热烈的掌声。

"谢谢你们的掌声！向来是你们在写说明书，在承担责任，而这件事上，我有脱不了的干系，我承担责任是应该的。"窗外，温暖的冬日阳光透过玻璃窗，温暖地照在我们的身上。在孩子们敬佩的目光中，我开始了上课。

第二天，日记收上来了。孩子们竟无一例外地谈到了这件事：

我听了许老师写的反思，感触很深。老师主动写反思，而我们班的同学却没有一个写的。许老师给我们做出了榜样，大家应该以学习上的成绩来回报许老师。

——超杰

老师，你真是一个宽宏大量的人，我和同学都落选了，你非但没有怪我们，反而把责任揽在自己身上，进行自我反思。您是一位好老师。

——媛媛

今天，我们的许老师又写文章了，不过，是写给她自己的。许老师写的是说明书，主要是因为作文比赛我班的同学没有被选到……我听后，觉得许老师是一个心胸宽广的人。我班作文比赛没人入围，许老师却没有怨恨，只是怪自己，我要向许老师学习，要做一个心胸广阔的人。

——佳睿

这一次的作文比赛，我们班一位位选手都落选了，老师您是一位十分负责任的老师，您并没有怪罪我们，而是从自身出发去寻找原因。我今后要向老师您学习，万事由自身出发，反思自己的过错，从而改正自己的缺点。

—— 志宏

许老师，今天我听了你的感受之后，觉得你是一个宽宏大量的人，虽然作文比赛我们班的同学落选了，但是你却一点也不责怪我们，而是反思自己，并且告诉我们：失败是成功路上的绊脚石，没有成功是无绊脚石的，所以我们失败了不能逃避，要去面对。

——圣萍

我觉得许老师有一颗既负责又宽容的心。我们班在作文竞赛中无人获奖，你不但没有责怪我们，反而自己主动写说明书，这让我很感动。

——小英

许老师宽宏大量，为我们树立了榜样。在作文上失败了，我们需要继续努力，不管做其他什么事情，都应该用一颗这样的心去对待。谢谢！

——凯洁

今天最后一节课，我听了许老师的反思，感触非常深。因为许老师胸怀大，能宽容我们，而且还作了反思。原因是在作文竞赛中，我班的三位同学落选了。对此，许老师不但没有批评他们，反而从自己身上找原因。在此，我想对许老师说："许老师，您给我们做出了榜样。以后碰到这种事情，我也会向您学习的。"

——小佳

看着孩子们的文字，我的心被这些真挚的话语温暖着……我也庆幸，我选择这样的方式来面对作文失利。

放下面子，孩子们会还你一份尊敬；放下一丝神圣，孩子们会还你一份敬仰。蹲下来，和孩子一同看世界，你会发现，周围的世界因你而美好。

带班锦囊 >>>>>

子曰："其身正，不令而行；其身不正，虽令不从。"率先垂范，将给学生以楷模感；但凡要求孩子们做到的，我们班主任应率先做到。身教重于言教。

（1）学会向学生道歉。若批评错了，或者没有彻底了解事情的真相，而错怪了一位孩子，班主任要放下架子，主动向学生说对不起。

（2）主动弯腰捡拾垃圾，而不仅仅只是命令。

（3）搞班级卫生时，身先垂范，艰苦的工作带头做。

（4）若某次比赛，没有取得理想成绩，不要一味地责怪学生，先从自我检讨开始。

率先垂范，身先士卒，蹲下身子，以孩子的视角，和孩子一同看世界，世界会那么的绚烂多姿。

妙计 32 找突破口

调动男生积极性

在乡镇中心小学任教时,某一个四年级班有一个盗窃团伙,班上20来位孩子有不同程度的盗窃行为。某次,在团伙头子小蔡同学的带领下,20位男生光顾了与学校相邻的幼儿园,偷幼儿园的玩具,并把所有小被子丢进厕所,情节恶劣。

看到局面难以掌控,领导果断决定五年级重新分班。有着与黑社会交往史的小蔡的劣迹全校闻名,无人敢接他所在的班级。我被校长委以重任,没有一句推辞,在微笑中接过小蔡所在的一班。无巧不成书,来自某村小的大名鼎鼎的惯偷小金也在班内。小蔡、小金,以及一大批调皮男生组成的五年级一班,令一位位前来任教的老师,头疼不已:课余搂抱女生的现象屡见不鲜;很多人不做家庭作业;觉得体育老师处理不公平男生集体罢课;小金偷了邻居2000多元钱;小蔡夜不归宿,与年轻的体育老师闹僵后扬言到镇上约架……如此一个"炸油锅"的班,犹如迷雾,迷雾重重又重重,考验着我这位年轻的班主任。

我接手了这个班,就意味着挑战、付出以及与孩子们之间的风云对决。我丢弃抱怨,让牢骚靠边,振作疲惫的精神,静下心来,抱着拨开迷雾见明月的信念,进行了一系列优秀班级的打造工程。

我先诊断整个班级的班风,初步定义为:浮躁、喧哗、缺少男生领头雁。一个 48 位孩子的大班，在寻找不出一位像样的男生能作为榜样的情况下，我把"调动男生的积极性"当作突破口，边研究边摸索边实践，用办法总比困难多来不断勉励自己，采取了一个又一个有效的举措。

（1）搭建舞台，激励男生。

①建立双班委制度。

为了搭建众男生施展才华的舞台，我大胆尝试，在班上建立了双班委制度。分男、女生各一套班子，分周轮流管理。这样，一大批原本无所事事的男生当上了班干部、组长，并适时开展评比"最称职的男生班干部""最进步的男生"等活动，让调皮的男生们积极参与班级管理，与自己的缺点做斗争，与自己的不足为敌，激发了他们的自信，调动了他们的兴趣，培养了男生们的集体荣誉感，发扬了他们的主人翁精神，取得了事半功倍的效果。

让男生们力所能及地参与有关教育教学管理制度的制定和管理活动，实质上就是一种激励。通过自我管理制度的制定，激发了男生们自我教育的积极性，使他们能够律人律己，克己之短，不断矫正自身的不良行为。

②进行男女生对垒比赛。

面对一群品学兼优的女生，男生们看不见自己的优势，自卑感油然而生。为了树立男生们的信心，我多次给全体男生单独开会，做好宣传动员工作。一石激起千层浪，男生们意气风发，各自挑选了一个想要追赶的女生对象，发出了一封封挑战书。女生们在对他们刮目相看的同时，不得不加快自己的脚步。男、女生的对垒比赛，让教室后面的评比栏动了起来。每周一检测是否挑战成功，若成功，就得到我所奖励的一朵小红花，上面写着"阳光男孩"，四次后可换取"阳光王子"的称号。

"评比栏"把整个集体带入了一个比学赶帮的热烈竞争氛围，男生们有了竞争的目标，做事开始充满激情，变得生龙活虎，富有生机。

③创设"真男子汉榜"，向家长报喜。

为了培养众男生们的自信心，我在班上专门为男生建立了一个"真男子汉榜"。每周在行为规范上进行比赛，达到一定分数的男生可上此榜，连续四次，可获取一份阳光喜报，通报家长，让家长一起分享孩子成长的快乐。

这一举措，家长们好评如潮。好多家长反映，男孩在家学习主动了，各方面有了很大的改观。这样，一批平常吵闹成性的男孩，看到了自我存在的价值，有了巨大的变化。

（2）斗智斗勇，个别突破。

当给整个班级大部分男生都安上了定海神针，我建立了一块安静、上进的根据地，然后，我重点要做的，就是与重量级的问题男生斗智斗勇，个别突破。

①小蔡，在不断驯服中甘心做我的粉丝。

擒贼先擒王。征服小蔡，是一条漫漫的曲折路。一开始，我采取不断驯服的方式，培养与他之间的师生感情。我只求付出，不求回报。一有空余时间，寻找各种机会，在教室、在走廊、在队室，与他面对面真诚地聊天、谈心，聆听他内心的真实想法，采取移情的方式，多换位思考，解开他心头的郁闷。聊着聊着，孩子与我之间的感情深厚了，也愿意与我敞开心扉了，甚至连他喜欢班上的某一位女孩，晚上睡觉都想着她，他都告诉我。我安慰道，没有关系的，哪位少女不怀春，哪个少男不动心，这是正常现象，并问他，现在以你的各方面的表现，能赢得女生的喜欢吗？孩子头摇得如拨浪鼓。我告诉他，只有努力在各方面不断提高自己，设法让自己变得优秀，才可能赢得自己所期待的那个人的尊重。他连连点头，表示赞同。

当我走进他的心灵后，我采取"招安"的方式，大胆启用他，利用他在男生中的号召力，让他成为我班的纪律委员，全面负责班上的纪律、卫生工作。班上还成立了一支"拼命三郎"篮球队，他被任命为篮球队队长，在中午时进行篮球训练。原本中午是众男生聚集校园边上的小店，谋划做"坏事"的时间段，现在他们都来打篮球了，消耗了男生大量的过余精力。有了正常的业余爱好，孩子与社会上不良少年的接触机会大大减少。我多次上门家访，叮嘱父母，晚上不要让孩子出去，让父母空下时间多与孩子谈心，不要动不动就打他……

孩子渐渐地朝着明亮那一方前进了。某天，他在一篇作文里写道：真的要谢谢许老师。这世界上，谁都不可以骂我，打我，但是，许老师是个例外，她骂我，甚至打我，我都心甘情愿。

当孩子甘心成为班主任的粉丝后，班主任也就赢得了孩子的尊重与尊敬，那孩子的原有的种种问题也就不再是难题了。

②小金，在扬长中不断唤醒他的自信。

五年级分班时，没有村小老师到场，没有把在村小大名鼎鼎的小金单独拎出来考虑，两位重量级的人物——小蔡与小金，全都由我班包揽。这位小金是单亲家庭，家里只有爸爸，爸爸根本管不住他。他学习成绩非常差，爱与老师顶撞，根本不听从老师管教，想给他补课，他就一溜烟跑掉，还有小偷小摸行为，这些劣迹都是事后我从他原任班主任那里了解到的。

开学没有多久，某一天，一位40多岁衣着朴素的男人来找我，说要找小金所在班级的班主任。他告诉我，他是小金的邻居，他的家里少了2000多元钱，他怀疑是小金拿的，问我能不能帮帮他。2000多元，在20世纪90年代末，即便在经济发达的江南农村，也是一笔不小的巨款了。他居然偷了这么多！我惊讶之余，答应那位大叔，好好地帮着问问。

在没有一人的队室里，我与小金开始了长聊，整整谈了两个小时，在我向他勾手承诺，保证不与班上同学提起的情况下，他终于承认确是他拿的，已经花了100元，买了一个篮球，另外的钱还没花掉。我赶紧带着他去他家里家访，找到他的爸爸，把事情的来龙去脉与他爸爸说了。小金也把尚未花掉的钱交给了爸爸，由爸爸去还给邻居。

这一件事情，我在班上只字未提，只当作没有发生过，也没有在办公室里说一句话，从而赢得了小金对我的信任。小金听我话了，也愿意来接近我了。我通过观察，发现他动手能力强，桌椅坏了，他会修，钢笔坏了，他会修，自行车坏了，他也会修……上帝很公平，每一位孩子都有他的长处，他的动手能力超强。我封他为我班的生活委员助理，专修班级的桌椅和钢笔，并无限信任他，让他保管班级的钥匙。

在为同学的服务中，在同学流露的钦佩目光中，他的自信心不断地被唤醒。学业上，红灯笼不再高挂，小偷小摸的行为也没有了，他顺利地完成了小学阶段的学业。

两年的"男生工程"打造，取得了决定性的胜利，打了一个漂亮的翻身仗，一个个捷报频传，我们班在班风、学业上列于全校之冠，六年级时被光荣评为"校十佳中队"，赢得了同行们的众口交赞。

每接到一个班级，诊断学情和班风，是一件尤为重要的事情。再落后再差劲的班级，总有它的一些擅长之处。寻找突破口，以此为切入口，进行突围。

（1）调动男生积极性。在小学，得男生者得天下。想尽办法调动男生的积极性，开展男生感兴趣的活动，建立双班委制，让调皮的男生有事可做。若全班男生都成为班主任的粉丝，这个班级想不好都难。

（2）根据班级长处，创设相关的班级课程并进行强化。比如音乐比较好的班级，将音乐作为班级特色，开展"乘着歌声的翅膀"的音乐课程；比如孩子们热爱运动，体育好，可组建班级足球队、篮球队或田径队，争取在运动会上在年级中有一席之地；假使没有擅长的地方，那班主任就在情商上多引导孩子们，告诉他们，情商高的孩子成大器……

第四辑　特色活动有奇效

一场"残酷"的亲情实验

当初，在《小学语文教师》上读到那篇对王崧舟老师体验作文的批判文章时，我内心一震：是啊，血淋淋地让孩子们一个个割舍亲人的爱，对年幼的孩子来说，无疑是残酷的。都说现在的孩子浸泡在爱中，不懂感恩，换一个角度来说，这样"残酷"的游戏，是不是也有一定的警诫作用呢？让孩子模拟体验失去爱的滋味，从而珍惜身边给予他爱的人，未尝不是一件好事。

某天的班队课，我决定仿效此法，观看一下效果如何。

"孩子们，今天来玩个游戏，请你们拿出生活作文本来，并在本子上写上对你来说最重要的十个人的名字。"我说。

孩子们一听玩游戏，都喜滋滋地拿出本子，拿起笔来开开心心唰唰唰地写着，一边写，一边愉悦地交头接耳。

全班汇报交流，十个名字无非家中的亲人、老师，还有好伙伴。

"孩子们，请拿起笔，划去其中三个人的名字……"我还没说完，孩子们笑眯眯地拿起了笔，"请注意了，划去这三个人，代表着你将永远得不到他们的爱了。"

"啊？"有同学发出感叹。

"下面请同学们说说，你划去的是谁。志宏，你先说。"

"我划去的是小超、小润、秋阳，他们都是我的好伙伴，然而对于我来说，这友情比起家人的亲情、老师的教育恩情，要显得不重要一些。虽然我心里难过，但是我还是划去了三位好朋友。"

"我划去的是我舅舅、表哥、表姐。我心里很难过，虽然我很舍不得失去舅舅他们的爱，但是比起别的几位来说，失去他们的爱，不大影响我的生活。"利超说。

"好！请再次拿起你手中的笔，划去两个人的名字。请慎重，一经划去，代表你将永远失去他们的爱。"孩子们你看看我，我看看你。此刻，教室里已经没有一点儿的声音，开始陷入沉寂。

"我划去的是许老师和姚老师。对于我来说，师恩的确重要，但是，我是万万不能失去家人的，毕竟家人对我付出得太多太多了。"晓红说。

"我心里非常舍不得，拿笔的手是那么的沉重，我划去的是外婆和表哥，我的心真痛。"伊凡说。

"我划去的是弟弟、妹妹，我是这样的下不了手。"凯洁的眼里开始溢满眼泪。

"好！请再次划去两个人的名字。"我再一次宣布说。

"啊？还要划啊！不要啊！"开始有孩子在下面嘀咕，拿笔的手开始颤抖。

"我划去的是我的爸爸妈妈。"秋阳的话一出口，下面一阵吁嘘声。"怎么可以！怎么可以！"

"我的心疼痛万分，是那么的下不了手。可是，总有一天，我要离开父母，独自前行。"此刻的孩子，早已泪如泉涌，泣不成声了。

"下面，请把你刚才划去这两位的原因、划的心理讲述给你的同桌听。"只听见小声的说话声，一个个孩子都眼圈泛红。

"好！请再次拿起手中沉重的笔，划去两个人的名字。"我又一次残酷地宣布。

"啊？还要划啊。不要啊！"开始有孩子在下面叫了。

此刻的志宏早已泪流不止。"我心如刀割，每一个名字对我来说都是那么的重要，每一个名字都是一份浓浓的爱，我怎么舍得失去他们的爱。我拿笔的手似乎有千斤重，我万分疼痛地划去了我的爷爷和奶奶。"孩子边说，边抽噎。此刻，教室里的空气仿佛凝固一般，从未有过的沉闷。

"我万分难过地划去了爸爸和许老师。妈妈为了我付出了那么多，我是万万不能没有她的。"

"我颤抖的手划去了我的爸爸和许老师。妈妈生我，养我，给了我生命，我怎么可以失去她呢？"

"此刻，我的心挖空般难受……"

每一位孩子都淌着眼泪。

当只剩下最后一个名字时，孩子们一个个求救似的看着我，也以为游戏到此结束了。当我发出请划去最后一个名字的命令时，竟有孩子伏在桌子上痛哭流涕。

"孩子们，对不起，今天许老师带大家玩的游戏很残酷。每划一下，你将失去一位关心你的人的爱。当我们拥有这些爱时，我们要懂得珍惜，等失去了，你再痛哭流泪也找不回来了。所以，我们本次班队活动的主题为'感恩的心'。"说完，我在黑板上写下了"感恩的心"这四个字。

"请带着一颗感恩的心善待你得到的爱，善待爱你的每一个人。接下来，拿起笔，自选题目，把今天的游戏过程和你的体验，用文字记录下来。"

《感恩的心》的旋律悠扬地响起，孩子们开始伏案书写，一双双眼睛红红的……

随后，一篇篇真实的文章诞生了，孩子们谈到了抉择的两难，谈到了应该珍惜身边所有人的爱，谈到了一直被自己漠视的身边的人对他的关爱，谈到了自己宛如《爱心树》中那个小男孩，一直在不停地索取，而从不知给予，还信誓旦旦地谈到了以后的行动该如何着手。

孩子们用行动呈现了一颗颗闪亮的感恩的心。家长们的一纷纷来信，说孩子在家变得懂事了，帮助家长干家务、捶背的现象比比皆是。同学之间，各类纷争渐渐少了，更加亲密团结了；对待老师也越发尊敬有礼了。我看在眼里，欣慰在心。

带班锦囊 >>>>>

上述故事，曾在教育在线网站引发许多网友的讨论，一些网友认为这个体验活动太残酷，不该让年幼的小学生赤裸裸面对；也有网友认为，这个活动有利于培养孩子的感恩之心。孰是孰非，一时难以讲清。但是，那之后，班上孩子无论在家里还是在学校里的确都懂事了许多。拥有感恩之心的孩子，才会更好地孝顺父母，才会从心底里感谢老师，以更强的责任心努力地学习，为家庭分担。

长久以来，我一直把培养孩子们的感恩之心当作我工作的重中之重。

（1）每天布置至少十分钟的家务活，让孩子们感受父母生活的不容易。

（2）布置孝敬实践作业，节假日、双休日鼓励孩子多为家长做事。

（3）每学期评选班级孝星，形成一种爱父母、尊重爷爷奶奶的良好风尚。

（4）模拟"失去"的实验，让孩子们懂得珍惜所拥有的一切。

妙计/34　板报亮眼

新学期赠语

学期初，我把教室拾掇明亮后，看看后面那一块黑板，依然是上学期
"祝暑假乐悠悠"的字样。

我开始了思考。咦，犟龟陶陶不是孩子们最爱的角色吗？何不以他为
题，写一段新学期赠语在黑板上，让每个孩子在踏入这间明亮教室的那一刻
起，内心激昂澎湃，心有所向？

酝酿、构思，于是，下面的文字便在笔下轻盈地流淌：

初秋炙热的太阳挡不住前行的脚步，轻轻地，不经意地，我们已经迈入
了六年级的门槛。这将是一段多么值得吟唱的旅程。眉宇间，日渐消退童年
的稚气，笑颜在明媚的求索中丰盈。背负着向上的行囊，意气风发地行走，
勇敢，执著，毫不犹豫。

还记得那只犟龟陶陶吗？为响应心底的一个愿望，远处的一份邀请，坚
持不懈地爬着，爬着。蜘蛛也好，壁虎也罢，任凭谁都不能阻挡他前进的步
伐，无论谁都无法动摇他前进的信念。何等硬如磐石的坚持！……每每想到
陶陶，你的心底，是否软软的，温柔无比？一种甜蜜的气息如花香般袭来！

只要上路，就终究不会落空，只要不停地走，天天努力地走，总有一场
庆典，在不远处，等待着你！

让我们勇敢地上路吧！

寄语有了，可这黑板报请谁来出呢？我脑筋骨碌一转，想到了上学期的金牌组获得者——伊凡组。让这一组成员义务来出第一期黑板报，一定是一件很有意义的事情。

我拨通了伊凡妈妈的电话，告之想法。她非常赞同，这几天孩子在家反正没事，为班级做事，是一种荣幸。我让伊凡负责通知另三位组员，找个时间，来学校出新学期的首期不评奖的黑板报。

第二天，四位孩子如约而至。

伶俐可爱的小佳负责版面设计，字迹秀丽的小晨负责书写，认真负责的伊凡负责编辑，擅长画画的秋阳负责美工。我把我的那一则新学期寄语打印出来，交给了他们。

他们四个在教室里忙乎了起来，我则去办公室忙做别的开学工作去了。一个半小时左右，小佳告诉我，已完成。

多么干净多么显眼的一期板报啊：心形花边点缀，报头是一位长卷发的女教师捧着一本书的形象。孩子们告诉我：这位长卷发女教师代表着许老师。里面的文字，就是我送给全班孩子的那则寄语，题为《总有一场庆典等着你》。

我买来四根雪糕，作为奖励。哈哈……我们边吃雪糕边聊暑假趣闻，真乃一大乐事。

报到第一天，一个个孩子在板报前欣赏、流连。

我与孩子们说："新的学期，我把这一则寄语送给大家，也送给我自己，下面让我们一起吟诵吧——'初秋炙热的太阳挡不住前行的脚步，轻轻地，不经意地，我们已经迈入了六年级的门槛……'"这将是一段多么值得吟唱的旅程……

带班锦囊 >>>>>

教室的后墙黑板报，合理利用，资源开发，能调动每一个孩子的才华。出黑板报，为孩子们编辑、美化、书写的才华铺路搭桥。

（1）全班孩子都参与出黑板报。五六人一组为宜，组长、美工、文字、版面落实到位。可自由寻找组员，再适当调整，力求每一组都有两位核心人员。

（2）每出版一期黑板报，拍照、合影，在班级微信群中分享，强调团队的力量。

（3）每一期黑板报抽个时间进行赏析、评价，说说优点和不足。

（4）分组竞赛。各组的组长与班主任担任评委，为每一次的黑板报进行打分。学期结束进行表彰。

（5）低年级时，可邀请家长参与进来，亲子共同出黑板报。被邀请的家长会觉得非常光荣。

妙计 35 送嵌名诗

非一般的"见面礼"

报到第一天，怎样才能给素不相识的孩子们留一个美好的印象呢？拿着陌生的班级名册，看着一长串不熟悉的名字，我细细地读着，慢慢地思索着。要不，给每位孩子送一句寄予希望的诗，并把他的名字嵌进去？这不是很新鲜、很别致吗？

说行动就行动，我的手指开始在键盘上翻飞：晓凤——春风拂晓醉春烟，凤凰展翅傲枝头。晓婷——晓荷绽颜无限娇，婷婷玉立性高洁。诗媛——唐诗宋词皆上品，琴棋书画小媛通。正芳——一身正气浩然，芳名流传人间。梅杰——梅花香自苦寒来，若想杰出勤为先……整整两个晚上，终于把53个孩子的名字各编成了一句诗。打印，裁剪，一条一条整理好，放进了信封。不知忙乎了多久，终于大功完成了，我长吁了一口气。

报到第一天，我来到班级，看见孩子们已端端正正地坐好。见进来的是陌生的我，孩子们一个个露出惊讶的表情。

"孩子们，你们认识我吗？"他们头摇得如拨浪鼓。"我将成为你们的班主任兼语文老师。"我笑着说。

"那朱老师呢？"他们纷纷问起了原班主任。"朱老师教一年级了。""啊？"孩子们流露出失望的表情。

"你们真乖，知道惦记自己的老师。我为朱老师高兴。相信你们也会喜欢我的。"我暗暗感叹，这是一群懂感情的孩子。

"知道我姓什么吗？""不知道。"有孩子喊着。其中一位女生举起了手，"姓许。""那知道许老师的名字吗？"孩子们都摇着头说不知道。

我在黑板上写下了这两行字：

丹心赤诚育英才

红艳凝香月绽颜

"孩子们猜猜，许老师的名字就在这两行字里。"情绪哗啦一下调动了起来，只见他们一个个伸着手，争先恐后地抢着说。那个"丹"字一下子猜出来了。"丹艳。""丹凝。""丹香。"我连连摇头。"丹红。"一生响亮地说。"恭喜你，完全正确。"教室里如煮开了的沸水，此刻，最初的陌生感一扫而光。

"孩子们，在下面这行中，还有一个字是许老师网名的关键字，再猜一猜。"我又开始吊孩子们的胃口。

"香。""不对，香字是好，可俗了一点。""艳。""嘿嘿，也不对！"一个可爱的小个子女孩高高地举了手："月。""哈哈，真聪明！你怎么猜出来的呢？"她笑着说："我蒙的。"孩子们哗的一下，全都笑了起来。笑声拉近了彼此的距离。我拿起粉笔，在黑板上工工整整地写了"一轮月儿"这四个字："以后你看见这四个字，就是看见许老师。欢迎你们来到我的博客，随时与我交流。"我写下博客地址，孩子们都拿起笔来记录。

我绘声绘色地讲起了孔子勤奋学习的故事。讲到孔子的那句名言，我刚说"三人行……"，马上有一位男生接道："必有我师焉。"我一阵激动，走到他课桌边，问他的名字，然后与他隆重地握手。"真了不起的孩子，许老师要到初三才知道这句话。你读的书真多。"我记住了他的名字"志宏"。孩子们饶有情趣地听完了故事。

我笑着说："今天是许老师与你们第一次见面。首次见面哪能两手空空呢？我给你们每个人，都准备了一份小礼物，希望你们能够喜欢。"

"啊？礼物？"孩子们瞪大了眼睛，你看看我，我瞅瞅你，嘴微微抿着，十分的新奇和兴奋。

"我把你们每个人的名字，都编成了一句诗。希望你能好好地保管，好好地品读。那是老师寄予你的希望，对你最美好的祝福。"

我把前一天剪好的嵌名诗，一条一条地发给孩子们。这下，他们可太激动了，拿着小纸条，读着，前后轻声地交流着，小脸红红的，小眼绽放着光彩。"孩子们，请大家响亮地把属于你的那句诗自豪地读出来。"只见孩子们非常兴奋地朗读着，欢笑着……

温馨和快乐连同这美好的回忆缓缓地拉开了我与孩子们亲密约会的序幕。

带班锦囊 >>>>>

八年后的暑假，这一拨孩子参加了高考，有的孩子拿着我送给他的嵌名诗来看我，亲口告诉我这嵌名诗一直压在书桌下，鼓励着他，直到他考入理想的大学。

别出心裁的礼物，拉近了孩子们与新班主任的心理距离。

除了送嵌名诗，班主任还可以这样做：

（1）节日时送小礼物。比如过圣诞节，给孩子们每人送一顶圣诞帽，组织圣诞活动，制造浓浓的圣诞氛围。

（2）开学第一天，给每一位孩子送一个小绒毛玩具，再送一句温暖的话语。

（3）奖励和老师合影，并将照片贴到展示栏里。

妙计 / 36　举办个展

我的故事 >>>>>>

首期魅力之星诞生记

新搬的教室充满了现代气息——后墙壁中间是深绿色的磁性小黑板，两边各有一米见方的可随意张贴的小园地，如萧红笔下那块令人心旷神怡的小院子般，可随意地播种、施肥和灌溉。我兴奋异常。那不是正可以开辟出一块基地来让孩子们展露身手吗？

学习，不只是那一个个红艳艳的分数。作为班主任，我更喜欢鼓励孩子们学有所长，更喜欢无限制地放大成绩背后的那一个个特长，比如潇洒俊逸的书法，惟妙惟肖的画画，栩栩如生的十字绣……竭力让每一个孩子尽可能地展现光芒，成为美好事物的中心，是我孜孜不倦的追求。

灵感来了。

我为红苹果班的孩子们在后墙壁靠窗的那一块"园子"开辟了一个名为"魅力舞台"的专栏——上面可以张贴美术作品、手工作品、作文、小报、小制作等。每一期只展示一位孩子的作品，需要这孩子为自己制作一张宣传海报，上面有自己的美照，有自己的爱好、特长的介绍。

我美其名曰，为其举办个展。

我在教室里向孩子们作了热情的动员，在校信通上向家长们发出了热烈的呼吁。哗啦啦，居然收到了20多位孩子的积极报名，甚至还有多位家长来电咨询如何操作。

良好的开端是成功的一半。我，喜上眉梢。

经过反复考查、研究和证实，首先登上"魅力舞台"的是一位名叫小煜的孩子。这是一位学习成绩中等，但对美术尤有感觉的女孩。

一年级开始，她就参加了校内美术兴趣小组。指导老师多次告诉我，孩子认真，但创新能力匮乏，后劲不足，考虑到孩子认真，且放兴趣小组，可不做一流苗子待。

唉，小煜一直在学习上不能有所突破，尽管她那么努力，那么用心，成绩始终徘徊中游。随着年级增高，她凭靠努力得来的分数似乎越来越不称人意，忧郁悄悄爬上了她的眉宇。

我看在眼里，急在心里。如何让孩子找到自信呢？

因为认真，她在美术上比一般孩子强，我想，这是属于她的天赋，那就从她的长处入手吧。

我多次找到孩子妈妈，无限地放大孩子的美术长处，建议孩子妈妈能让她报名参加校外的美术班以强化她的长处。而且她家经济富裕，完全有能力支持孩子的特长。

妈妈心动了，带领她报了美术辅导班。

因有校内美术兴趣小组的熏陶，她比其他孩子有功底，在这里，她找到了自信，找到了属于她的舞台。她的作品越来越精致，越来越大气……

自然而然，她成了红苹果班"魅力舞台"的首期魅力之星。上面布满了她那精致的画作……每天下课了，许多孩子在这里流连、赞叹。

这一刻，她成了美好事物的中心。

她，笑了。

带班锦囊 >>>>>>

每一个孩子都有属于她的长处。无限制地放大孩子的优点，让每一个孩子焕发自信，这需要班主任不断地去搭建魅力舞台，让孩子们的魅力如光芒一般绽放。

哪些地方我们可以利用，开辟魅力舞台呢？

（1）开辟墙报园地，展示有特长孩子的画作、习作、书法等。

（2）利用教室的前门、后门，张贴孩子们的作品。

（3）教室外面玻璃窗下的瓷砖处，也可张贴孩子们的作品。

可以为有特长的孩子开辟专栏，也可以是混搭，几位孩子的作品放一起展览。展出前，要给孩子们进行宣传和包装，比如在作品边上有个自我介绍，或在教室的前门上张贴一个展览海报等，给孩子非常隆重的感觉。

还可以寻找机会，搭建更大的展示舞台，如在学校的宣传橱窗里展出，鼓励孩子们参加各级各类的比赛等。

让男生脱颖而出

德国著名教育家斯普朗格说："教育的核心是人格心灵的唤醒。教育的最终目的不是传授已有的东西，而是要把人的创造力量诱导出来，将生命感、价值感唤醒。"小学阶段因男孩调皮、好动，惹是生非，他们长期处于被批评指责状态，使得他们失却信心，并由此形成了恶性循环。爱因斯坦说："兴趣是最好的老师。"只有让男生们看到自己潜在的能力，才能将其转变成热爱学习和班集体的能力，转而更为努力地学习和为班级服务。

每每新接一个班，我都将进行班干部改选活动——分男、女生组建两套班委。每一次听到这样的消息，班级中男生的脸上洋溢着灿烂的笑容。是呀，若没有这一个制度，在小学中，你纵观身边的班级，有几个不是小姑娘们在管天下呢？一位位能干的女生施展着"河东狮吼功"正凶巴巴地训斥调皮的男生们，这不是小学中最常见的情景吗？

为了让一批有潜能的男生能有一个平台发挥他们的特长，消耗他们的精力，我设了两套班委，犹如走路一般，两条腿走路，会走得更稳。

男生小组长，男生班干部，男生班长……谁有能力谁就参与竞选，谁有潜力就提拔谁来做。男生们听到可以竞选班干部了，个个跃跃欲试。在竞选会上，"惹事大王"小凯说："当一名小队长，是我一直以来的梦想。我若能当上，我一定好好学习，带领全队同学，搞好各项活动。"而一直喜欢欺负女生的小伟提出了打扫楼梯给男生、重活给男生的口号……这样一来，一批平时表现平平的男生当上了小队长，给了男生心灵以震撼，男生们一个个用手中的笔写下了他们真实的感受。《今天我当"官"了》《男子汉该从何做起》《男生的觉醒》《我自豪，我是一名阳光男孩》……一篇篇文章充满了男子汉的激情和豪迈。

若有的男生暂时不会当班干部，让有经验的女生指导他，由扶到放，循序渐进。一开始，两套班委同时管理班级，女生干部对男生干部帮扶带，渐渐地，男生具备一定能力了，分周进行管理，单周为男生周，双周为女生周，比赛谁管理得更有成效。这不，男女生都在默默较劲，班级形成了你追我赶、男女生齐头并进的良好局面。

带班锦囊 >>>>>

男生们的可爱在于内心深处有积极参与的意识，以及被肯定被赏识的愿望。给他们搭建一个舞台，成立男女生两套班委，更多男生在每天收发本子、检查同学作业、为班级服务中，消耗了多余精力，激发了他们作为班级一分子的主人翁意识，使他们体验到小干部的不容易。

（1）定期给男生小干部们开会。男生一开始可能做不好，做不到位，开会、反馈、总结、提升，有助于男生们提高能力。

（2）定期给男生优秀管理者以表彰。全班考评，给优秀者发表扬信，提升男生们的管理能力和参与度。

（3）向家长们发喜报，让家长享受孩子进步的喜悦。

男女生两套班委，老师能同时发挥男女生的主体能动性，使他们在集体中体会到挑战的快乐、竞争的快乐，更让男生体验到地位提升后的成就感和荣誉感，进而转化为前进的动力。因为得到肯定，一批男生脱颖而出。

妙^计/38 烧野火饭

炊烟袅袅乐逍遥

立夏烧野饭，是江南民间习俗。

一周前，我向班里的孩子们宣布：下周四我们去校外野餐！教室里马上炸开了锅，掀起一股欢乐的波浪，更有孩子鼓掌高喊："许老师真好！许老师万岁！"

找好场地，分好组，落实好组长，孩子们翘首以盼，终于等到了这一天——周四立夏日。

我如往常一般，早早地来到教室，门口走廊上堆满了各色锅碗瓢盆及野炊要用的其他东西。每一位孩子脸上堆满了灿烂的笑容，洋溢着春风，宛如要过盛大的节日般。

为了不耽误主课的学习，我与孩子们约定，下午野餐。

一上午，孩子们那么安静与认真，那么甜蜜与开心。一个个抿嘴而笑。

午唱铃声刚刚响起，孩子们已经抑制不住那颗激动的心，一个个都开心得背起锅子想走下楼。我发现了，连忙告诉他们，别急！别急！要沉得住气，等午唱好了再说。剥豆子、洗米等所有准备工作须在教室里完成，一旦进入野餐地点，无法再回学校忙乎了。

孩子们听了我的叮嘱，赶紧返回教室，立刻分头行动，拿水的拿水，剥豆子的剥豆子，洗锅子的洗锅子……看看，孩子们可会动脑筋了，忘记带盛水容器了，没关系，什么可乐瓶啊，教室的提桶啊，甚至两只空的纯净水桶也用上了。哈哈，集体的智慧大无比。不由得想起了陶行知先生著名的《小孩不小歌》：人人都说小孩小，谁知人小心不小，你若小看小孩子，便比小孩还要小。

为了不干扰其他班上课，孩子们路过走廊上其他班级时，一个个蹑手蹑脚轻轻来回，脸上堆满笑容。等到了自己班，才开怀大说。那一个个有趣的小模样，煞为可爱。

一切准备停当，我们排着长长的队伍，向目的地——学校附近的魏家门空地进军。

走出校园，穿过一个红绿灯即到。孩子们一到空地上，立刻热火朝天干了起来。瞧，一组组分工有序，有条不紊。搬砖的搬砖，搭灶的搭灶，生火的生火……真没想到，有的小组居然昨天放学后相约，已经搭好灶了。六个小组不约而同，居然都搭起了两个灶，一个烧野火饭，一个炒菜。比我这个不会烧饭、炒菜的老师想得还周到。俗话说，勤劳母亲懒惰娃，懒惰老师勤快娃。还真很有道理哦。

我甩着双手没事做，一会儿朝这一组看看，一会儿朝另一组瞅瞅，真的被孩子们的动手能力给震撼了。一个个小组，成员互相配合，即便烧焦了，盐放多了，也没有一句抱怨和责怪，有的只是一阵阵的欢声笑语。超杰小组，怎么点火也点不着，你看高大的培杰趴在地上，拿扇子在扇风呢。哇！终于点着了柴火，全组成员发出了一阵欢呼声。柴火燃烧产生的浓浓炊烟熏得孩子们直掉眼泪，天上那暴烈的太阳让孩子们额头上淌汗，有的孩子一边擦眼泪，一边擦汗，但丝毫不在意，彼此开着玩笑，逗着乐子，那场面真是和谐而欢乐。

平时学习耷拉着脑袋的越峰可神气了，一会儿烧饭，一会儿炒菜，那拿勺子的架势活脱脱一个超级大腕厨师，"快！快！放盐！""快！快！放酱油！"他一声吆喝，平时成绩好的伊凡组长，乖乖地当起了他的下手，赶紧递给他酱油或盐。整个小组成员围着他转，听从他的指挥。看着他那神气可爱的样子，我情不自禁地说："越峰小老板，爸爸妈妈开饭店，到底不一样啊！"他不好意思地说："谢谢许老师夸奖！"他干得更起劲了。

没一会儿，炊烟袅袅，散发出一阵阵扑鼻的清香，居然引来了周围群众的观看和啧啧赞叹。

两小时不到，孩子们拿着各自煮好的饭菜让我品尝。什么鱼啦、西红柿炒鸡蛋啦、油爆茄子啦……我每品尝一口，觉得好吃就夸一句：哇！真好吃！哇！技术真棒！哇！五星级水平哪！……得到了我的夸奖后，整组发出欢叫。当我说"好像有一点咸"或者"好像有一点淡"，他们一样开心得大叫，没有一丝的责怪和抱怨。那份乐趣，那份师生和谐的气氛，那份真挚的同学之情，在这样的活动中，把一个班级牢牢凝聚在一起，宛如相亲相爱的一家人。

孩子们铺上地毯垫，拿出可乐、雪碧还有一些买来的熟食，一组组开始了野餐大会。欢呼声、干杯声，声声响彻在明媚的蓝天上空。

最后，每个小组各自评选出了一位最佳厨师，分别是寅良、利金、超杰、越峰、培杰、鑫炜。呵呵，奇了，除了超杰之外，其余的在学习上可是一个个令老师头疼的"懒慢拖"困难孩子啊。没想到这些平时我们老师眼中不咋样的孩子，生活技能和动手能力竟这么强哦。加德纳的多元智能理论告诉我们，给孩子们一个舞台，孩子们会还我们一份惊喜。多开展活动，兴许能发现更多的明星呢！

我赶紧给这六位最佳厨师拍合影，戏谑着说："等将来有一天当了五星级大酒店的高级厨师，别忘记请许老师吃饭哦！"全班孩子立刻哈哈大笑。这几个孩子更如吃了蜜一般笑脸如花。

欢乐的一天，伴随着袅袅的炊烟，已深深地印在孩子们的心坎里……

带班锦囊 >>>>>

生活即教育。烧野火饭，培养了孩子们的团结协作能力、动手能力，尤其是搭建了平台，给这方面有专长的孩子一个舞台。

（1）提前物色好场地。在校园里面或校园附近最棒！若是农村，找块地方自己搭灶将更有趣。搭的过程，就是一个团结协作的过程。若是城市里的学校，可利用双休在野外选择好场地，再找几位义工家长来帮忙。现在许多城郊的农庄，有烧野饭的灶头设备，并能提供食材。

（2）分好小组，一般五到六人最适宜，选好组长。安排好每一个孩子该带的食材、锅子、食盐等。

（3）让孩子在家训练烧一个最拿手的菜，争取每一个孩子都能烧一个拿手菜。

（4）每组可安排一位义工家长，不当主人公，只是进行点拨和引导，不能让他"篡权夺位"。若是高年级，可不安排义工家长。

（5）评选出最佳厨师，进行表彰。

这样的活动，增加了班级凝聚力，丰富了孩子们的生活。

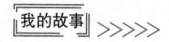

谁说后进生不能当班干部

站在我的立场上，我也爱班干部终身制：只需用心打造一批核心班干部，培养一支班干部队伍，我多么省时省力。站在家长立场，又觉得不公平。每一个孩子都是家庭的希望，给平凡甚至落后孩子一个平台，他们也会还你一份惊喜和精彩。因此，我带班，班干部从来不是终身制。一年一轮换，第二年起新当选的班委将聘上一届班委为指导老师，请他们指点班级管理工作。

我带红苹果班三年了，优秀孩子都已当过班干部。进入四年级，我大刀阔斧进行班干部改革：全挑选懒惰、学业较弱、调皮的十几位男生担任我班班干部。这一拨孩子，他们自我教育能力弱，行为、学习习惯差。怎么来培养他们呢？我与他们签署班干部责任书，让他们在享受权利的同时，明白自己应尽的义务，每月进行考评，连续三次考评不合格，自动离职。这一举措得到了家长们热烈的拥护，有家长在责任书上如此签字："热烈拥护许老师的举措！一定加强对孩子的引导和教育！"

一学期下来，除了特调皮的晴晴、鑫鑫、嘉嘉被削职，进步不明显外，其他孩子在学业、习惯、遵守纪律上有了长足进步，班风班貌明显改善。因为事先约法三章，因为有了这一份工作责任书，家长、孩子、班主任齐努力，十位孩子有了脱胎换骨的良好表现，取得了优秀成绩。我带班更轻松了。

附：

桐乡市中山路小学红苹果班班干部工作责任书

为进一步促进班干部发挥工作能力，增强自我约束能力，带头遵守纪律，培养学习兴趣，提高学习成绩，履行自身的职责，特签订本责任书。

1. 班干部要以班级的集体荣誉为重，带头遵守纪律，尤其是眼保健操、午唱、午餐、卫生上要起到一个带头作用，杜绝抹黑、扣分现象。

2. 班干部之间杜绝互相攻击、互相诋毁，要团结向上，为建设一个良好的班集体而努力。

3. 认真完成各科作业，速度上挤入中等及以上，各科成绩尽可能挤入优秀、良好行列，尽量杜绝进入后十名。

4. 认真完成各科的家庭作业，字迹端正，杜绝不完成家庭作业的现象。

5. 热爱唱歌、热爱运动，积极参加各类班级活动，争取在运动会等各类比赛上夺得好名次，为班争光。

6. 要听从每一位老师的教导，尊重老师，多为班级做事，真正做班级的主人。

每月末，先由班干部自己进行自查自评，再由班主任组织同学进行考评，对表现优秀者进行精神奖励。

本责任书一式两份，签订双方各执一份。

桐乡市中山路小学红苹果班　　　　桐乡市中山路小学红苹果班
班干部：　　　　　　　　　　　　班主任：许丹红

×××× 年 ×× 月

‖带班锦囊‖ >>>>>

苏霍姆林斯基说，优秀教师在教育工作中取得成功的"秘诀"，恰恰是他们让学生通过自己的努力来克服缺点和困难。的确，人最大的胜利就是战胜自己。最好的教育，就是自我教育。

（1）给自我约束能力弱的孩子，封一官半职或巧设名目给孩子一个光环。

（2）给他们分派班务事情，让他们为班做事。

（3）与他们签订一份责任书。一式两份，一份班主任留底，一份让孩子张贴在课桌上，时时提醒和鞭策自己。

（4）一周一自查，一周一谈心，一月一考评。定期沟通，及时引导。

一纸责任书，有助于孩子自我约束力的生成，帮助孩子进行自我教育，并往往达到意想不到的效果。

妙计/40 女生花语

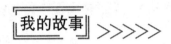

每个女孩都是一朵与众不同的花

看到班上的女生，一个个如韩剧中的"我的野蛮女友"般泼辣和强势，不禁忧从中来。协助老师管理的女生，河东狮吼，杏目怒睁，一副"泼妇骂街"味。这样的场面，在心智发育女生早于男生的小学阶段，屡见不鲜。一个个女生宛如一只只"母老虎"，在管理班级的同时，与女子该有的温柔和体贴渐行渐远。

我告诉她们，每一位女孩无论成绩如何，无论长得是否美丽，都是一朵娇艳盛开的花朵，要珍惜自己，呵护自己，并努力让自己的言行与芳香扑鼻的花朵相吻合。女生们睁大了明亮的眼睛，恍然沉思。"你们，是花呀，要如花一般灿烂与芬芳，像花一般富有韵味。"

班上的每一位女生，我都用一种符合她生命特质的花来喻指，并在宣传栏中张贴这些花，含苞欲放的花蕾中，是各位女生的头像。比如怡笑配牡丹，原青配荷花，子涵配百合，慧洁配山茶花，笑叶配杜鹃花……希望她们未来日子里都能做心思细腻、花香沁人的女子，装点这个美好世界。

渐渐地，女生们如花朵一般优雅和芬芳，不再大声和呵斥，对男生的态度和颜悦色了很多。我看在眼中，喜在心中。

可爱的小艺，一开始我真的想不出该用什么花喻指她合适，其貌不扬，资质平庸，学习成绩糟糕透了，学什么都比别的孩子要慢好多拍。可她也是一位可爱的女生，只是还沉睡着而已，我相信，总有一天，属于她的灿烂生命会娇艳绽放。睡莲，就送她睡莲吧。"睡莲"熬过黑夜，等太阳升起，会开放得娇艳无比。我一如既往地关心她，终于，她的成绩慢慢提升了。

四年后，我离开了红苹果班的这些孩子，来到了新的单位，而她，在我离开前的那一个学期，终于考到了她生命中的第一个"90"分。属于她的"白天"已经来到，她，娇艳地绽放了。

开学前，我接到小艺爸爸送的锦旗，他说："许老师，谢谢您对我家孩子的呵护。您这么尽心尽责，面对我们这些外乡人，您丝毫没有看不起我家小艺，我们很感动。"

接过沉甸甸的写着"爱岗敬业 无私奉献"的锦旗，我知道，我所做的一些摸索，已给孩子、家长的心灵留下许多甜蜜痕迹。

带班锦囊 >>>>>

很不喜欢星级少年评奖，可爱的孩子为什么要分为三六九等，用冷冰冰的数字进行区分呢？每一个生命，无论他天资聪颖与否，灵动与否，都值得我们每一个教育者去尊重和爱护，并寄予无限期望。

期末时，我决定丢弃这星级少年评比，把每一位女生喻指成一朵鲜美的花，给我们班女生以精神上的熏陶，鼓励她们向着美好漫溯。

（1）每一位女生赋予一种花，象征着对她的希冀和期望。

（2）根据孩子的个性、才华、禀赋来赋予花名，并送给孩子花的照片。在学习园地里，各种花的图案上再张贴女孩们的照片，形成百花争艳的场景。

有了这样的希冀和鼓励，女生们开始变得娴静和优雅，说话也温柔了，更善解人意了。她们散发着温润的气息，装点这个美丽可爱的班级。

妙计 **41** 亲身体验

捉蛐蛐，岂一个"乐"字了得

经过侦察，我发现教室后面是一块绿草荫荫的空地，课余饭后，总有几个孩子愿意去那儿玩。有草的地方一般有蛐蛐，何不让孩子们亲近大自然捉蛐蛐，玩一玩，逗一逗，然后把过程记录下来？是个不错的主意。

周一下午当我把喜讯告诉孩子们，他们"耶"的一声，一蹦三尺高，迅速排好队伍，兴奋地来到了草地边。

"大家去捉蟋蟀吧。看谁能抓住。"我话音未落，有的孩子迫不及待地冲了出去。有几个孩子仍站着，搔着头皮问："许老师，什么是蟋蟀呢？""蟋蟀是什么样的，都不知道吗？"我反问道。其实，我也说不上来。

这时，小润兴冲冲地跑了过来："许老师许老师，这是蟋蟀吗？""这是……"还没等我开口，班长小宏说："这是蛐蛐吧。"

"反正，蛐蛐就是蟋蟀，蟋蟀就是蛐蛐，就是它呀。"我连忙说。

"捉蛐蛐了。"站着的孩子们一哄而散，冲向了草地中间。我站在边上，瞧着孩子们的兴奋劲，情不自禁地被感染了。

"许老师，我捉到了一只。""许老师，我又捉到了一只。"……孩子们都拣了金元宝似的激动地冲到我身边告诉我好消息。"你真厉害！""你不赖！"……我快乐着孩子的快乐！

"许老师，我捉了三只了，你帮我拿一下吧。"滑头的小宏说。"啊，你自己拿吧，我可不敢拿。"在孩子们面前，我一直没敢隐瞒自己的弱点。"竟然这么胆小！"边上的几个孩子都窃窃地笑了。小林小声告诉小芳："许老师竟然不敢拿蛐蛐呢。"

不一会儿，有的孩子拿来了盒子、瓶子等器具来盛装。

"小朋友们，捉到了的，赶快到许老师这儿来集合。"男孩们激动地交流着捕捉的兴奋。好多女孩儿低着头说："我捉不到。"

我让孩子仔细地观察所捉的绿色的小昆虫，也有的为棕色。从头部观察到尾部，再从形状到颜色到几条腿。孩子们仔细地观察着，愉悦地交流着。

"小朋友们，倘若你把它放掉，那蛐蛐会怎样运动？你能重新把它捉住吗？比赛一下，看谁最快。"我布置道。

"啊，太好了。"有几个孩子随即就把蛐蛐给放了，俯下身子，甚至趴到了草地上，重新捉了起来。

哨子一响，游戏活动结束。孩子们放掉手中的小昆虫，恋恋不舍地回到了教室里，还沉浸在兴奋中。接着是分享与交流环节，从下楼的心情到捉蛐蛐时的动作，孩子们说得津津有味。

根据孩子的回答，我顺手在黑板上板书了"兴高采烈、绿草如茵、迅疾、俯身、扑、端详、健步如飞、迫不及待"等词语，在孩子谈兴最浓的时候，我说："小朋友，把你刚才玩的游戏，刚才激动的心情用笔写下来。可以用上老师提供的词语。"

"唰唰唰"，只听见一片写字声。一篇篇富有情趣的文章，在他们稚嫩的小手下诞生。精彩和灵动，充盈在孩子们的字里行间。

带班锦囊 >>>>>

亲近自然，何须到野外。现在的校园，大多绿荫葱茏，环境优美。利用自己校园得天独厚的环境，带领孩子们亲身体验，这样的实践，别有意义。

（1）事先侦查，看看场地是否适合共娱共乐和玩耍。

（2）校园静谧的角落、小树林、池塘边（看蝌蚪、赏荷）等，都可以作为和孩子们共同娱乐的好场所。

（3）在草地、树林里捉蚱蜢、蛐蛐，有序引导孩子们进行观察，别有趣味。

（4）校园周边的美景，都可纳入亲身体验、共同观赏的范畴。比如，我现在的学校，校园前边有樱花大道以及银杏林。我带着孩子们春天赏樱花、写文章，秋天在银杏树下开诗会。孩子们兴趣盎然。

利用自己的校园或者校园周边，亲身体验，或观察，或实践，或开会……这样的校园生活，充满了情趣和快乐，给孩子的童年最美好的记忆。

我的故事 >>>>>>

秋日下的书香

一直想找个秋光明媚的下午，与孩子们一起去野外呼吸呼吸新鲜的空气，舒活舒活筋骨，放松放松心情，沐浴沐浴阳光……

去哪儿？每晚我散步的地方是个好去处——环境清幽，绿草茵茵，有亭子、椅子可供休憩……太棒了，我的构想更得到同年级其他班主任的附和。

出发了，出发了，长长的队伍，统一的校服，鲜艳的队旗，一行人浩浩荡荡向复兴路前进。

一到复兴路，孩子们如出了匣子的小天使，向四处散去，三三两两，席地而坐的开始大吃特吃，爬假山的迅猛灵捷，逍遥快乐，虽然汗涔涔，那快乐却直飘到了眉心。

短暂的休憩后，沿着汉白玉堆砌的栏杆，一路往北，向目的地——果园桥行进。沿途风光旖旎，桐乡作为国家级的园林城市，的确，美丽万分。

经过两座高大的桥，孩子们情不自禁地喊"鬼来了！鬼来了！"我不禁莞尔。小时候，我不也这样胡闹吗？飞逝的岁月里留下了多少的甜蜜与温馨。

到达目的地，只见我班的孩子没一个喊累，没一个喊苦，个个生龙活虎，斗志昂扬，连我最担心的胖墩们也似乎豪情万丈，实在出乎我的意料。不愧是红日班的孩子，瞧，意志神话不正如火如荼地上演吗？我为他们感到骄傲!

倦了，累了，我们一起围坐在草地上，手中捧起了《爱的教育》，在自然的清香中沐浴，一起徜徉在爱的港湾。

普雷科西那枚受之无愧的奖章，再一次让我们一起沉浸在深深的感动之中。"孩子们，为什么说是受之无愧的呢？"我问。

"因为普雷科西虽然拥有一个爱喝酒还爱打他的爸爸，可是他读书依然是那么的努力，考取了很优异的成绩，那当然是受之无愧的！"

"我真的被他感动了，那个爸爸这么不像话，他为了保护爸爸的尊严，竟瞒着大家，而且他从来没有放弃自己，太值得人敬佩了。"

······

"孩子们，一个人可以选择朋友、妻子或丈夫，唯独不能选择父母。当你的父母不如志宏、伊凡的家长那样有文化又懂教育，你怎么办呢？"我问道。

"不要去责怪父母，要用自己的爱去转化他们，影响他们。"

"爱是互相传递、互相影响的，如普雷科西那样尽可能地转化他，拯救他。爱是相互的给予，不要整天想着父母来影响我们。只要我们努力、勤奋、善良，一定也可以影响自己没有文化的父母的。"

······

秋日的暖阳下，我们在爱的光芒中，洗练着自己的灵魂。在美丽的大自然中，爱的气息，如盛开了的菊花一样，清香扑鼻。

书声琅琅，吸引了不少其他班级的孩子，羡慕、惊讶、好奇，甚至悄悄地爬到了我班孩子的身边。这世上还有什么比书香更能沁人心脾呢？

在草地上，我们一起玩着游戏，这一刻，没有了作业的牵绊，没有了烦心的批阅，没有了揪心的盯紧懒惰孩子的劳累，自由、舒心、欢畅······我们蹦呀，跳呀，玩呀，尽情地······

时光匆匆的脚步催促我们该返校了。走在返校的路上，我思绪万千：当他们长大了，是否还能记起，在那么一个秋日的下午，有这么一位老师，带领着他们在草地上席地而坐，手捧那本清香的《爱的教育》，播撒着人世间的美丽和善良？哪怕，只有一人，还能记起，那一刻，即为永恒！

在青翠的草地上，孩子们席地而坐，和老师一起，共读一本书，走过一段美好的童年。回忆里，这样的镜头，这样的时刻，是何等的美丽。

（1）地点的选择非常重要。可以是绿草茵茵的校园，也可以是家乡某个怡人的风景区，当然，需要事先侦查好。

（2）与平时班级中的读书会相吻合，选择的书，能触发孩子们的心灵。

（3）带好小蜜蜂扩音器或一小音响。因室外比较空旷，单靠嗓子讲，音量不够，还增加负担。

（4）让孩子们带一些美食，分组带好餐桌垫。读书会后，再共享美食，孩子们往往会分外开心。

（5）结束后，务必提醒孩子们注意搞好卫生，收拾干净。

第五辑　家校联合齐助力

家校本让沟通更真诚

带红日班时，我接手的小 Q 是一个懒惰的孩子，几乎每天都不做家庭作业，或者做也只是如写日本字一般歪来扭去。多次找他爸爸妈妈联系与沟通，毫无半点用处。后来，我封孩子为提高组组长，让他收发本子，再借助发送喜报，让家长初尝成功的喜悦。渐渐地，他的妈妈开始关注孩子的学习。家长会后，她主动等其他家长都走了再与我细细交流，她告诉我，她的孩子每天要做作业到晚上 9 点多。我让孩子妈妈每天在家校本上记录好孩子做好家庭作业的时间以及表现，第二天我好有针对性地找孩子谈话，以及及时提一些建议给孩子妈妈。就这样，我和他妈妈每天在家校本上沟通联系着。

小 Q 背诵第十课前两段比较生疏，后面那段背得还可以，再加上写日记，家庭作业到了 8 点半才做好，幸亏一篇日记我叫他昨晚就写好了，要不然还要晚呢！许老师谢谢你这么关心我们小 Q，这么尽心尽职，如果每人都像小 Q 这样麻烦你，你会累垮的。作为小 Q 的妈妈，我深感愧疚。这么多年来，我从来没有为孩子的学习操过一点心。许老师，你知道吗，我曾经对我的儿子失去信心。他三年级时被某老师惩罚导致腿上乌青。我想想读书主要讲天赋，我的儿子也不是读书的料，所以根本不去管他的作业了。

许老师，你是我做了 20 年家长第一次遇到的这么负责任的老师。遇上你，我才明白作为家长应该为孩子的学习负责。我仿佛看到许老师多少个夜晚在台灯下草拟给家长、学生的信，制定班规以及思考一套套新鲜的教育方法，目的是想让 501 班每一个学生都像红日一样慢慢升高，拥有一个灿烂的明天！正像歌词中唱的：老师窗前有一盆米兰，娇小的黄花藏在叶间，它不是为了争春才开花，默默地把芳香撒在人心间。啊，米兰，像我们敬爱的老师，我爱老师，就像爱米兰……许老师，我想给小 Q 一个做家庭作业的时间限制，超过则罚零花钱，你参谋一下几点钟为宜。

看到这两段文字，看到了小 Q 妈妈对我如此信任、鼓励，我的心中涌起的是感动。我压根儿没想到，他妈妈居然能写出这么流畅、优美的文字。看到家长内心如此坦诚，我禁不住想：许多时候，我们常常责怪家长不重视教育，不支持配合老师，为他们的蛮横无礼而懊恼和沮丧，我们有没有叩问过自己，我们为孩子的健康成长又付出了多少呢？人非草木，孰能无情？当我们真心对孩子好时，家长们能感受到老师对孩子的那一腔关爱的。

我为我的辛勤付出能得到家长的共鸣和理解而欣慰。那点点辛苦又算得了什么呢？

我连忙拿起笔写下了这么一段话：

谢谢家长对我的信任和鼓励，其实，我辛苦一点无所谓的。我们若不采取有效的措施，只是每天放学后给他补，那孩子拖拉的毛病只是治标不治本，难以真正根除。孩子要改掉积习，是一个痛苦的过程。家长爱孩子，爱在心中，不要心软。我相信：只要家长您愿意和我配合，您和我共同努力，一定能让您的孩子如一块金子般闪闪发光！让我们一起用十二万分的耐心期待孩子的幸福成长！

任何一个问题孩子的发展，都不会是直线上升，而是螺旋上升，当孩子好了一段时间后，老毛病突然又发作了。我在家校本上与孩子妈妈说得最多的一句话就是：咬定青山不放松，让我们一起用十二万分的努力来期待孩子成长。

一来二去，我了解到孩子妈妈是一位高度盲残的妈妈，每天带着孩子做作业，很不容易。令人欣慰的是，孩子取得了前所未有的变化和进步。

了解到这些信息，我特别的感动。我把小Q妈妈的事迹用一封信《感动红日首席好妈妈》在全体孩子和家长面前隆重推出。

这样的一封信，无疑在家长间扔下了一枚炸弹，许多家长纷纷留言："与小Q妈妈比起来，我还有什么理由来为自己的不负责任推脱呢？""我以前觉得自己上了一天班已经很累了，孩子读书靠的是天赋，我为什么要管孩子的作业呢？与小Q妈妈比起来，真的太惭愧了。"……

带班锦囊 >>>>>

家校本，让我们与家长的沟通非常便捷，合理使用，才能发挥更大的实效。

（1）家校本沟通语气要真诚。若家长有什么想法或要求，直接在家校本上记录。第二天批改时，班主任就可以发现，直接在上面留言，或者与家长电话沟通一下，非常方便。班主任在家校本上与家长沟通时，语气要真诚、真挚，不要用高高在上的口气，让家长看了后不舒服。

（2）多利用家校本鼓励家长和孩子。当有孩子进步时，或者孩子的家庭作业做得认真时，利用家校本，班主任可以在上面留言：某某帅哥，你真棒！家庭作业做得这么认真！某某帅哥的家长，谢谢您，培养了这么优秀的孩子，看着他的作业本真是赏心悦目呀！……诸如此类的话语，当家长和孩子看到时，一定会受到激励的。

妙
计/44 家长入班

美美的邀请书，美美的联欢会

尽管已到紧张的复习阶段，为了丰富学校生活，激励一拨进步快的孩子，调动家长的积极性，我花费了一番心思——

首先，我让孩子们写日记——《某某同学进步快》。群众的眼睛是雪亮的，整天朝夕相处的孩子的眼睛最为雪亮，根据日记提名，选出了十位本学期进步飞快的孩子，依次为家福、洪佳、陈华、思依、朱瑛、寅良、利超、学超、振涛、坚强。

我轻轻地挥动手中的笔，很隆重地起草了一份邀请书。

邀请书

××家长：

因您孩子本学期表现出色，进步很快，故邀请您来我班共渡"欢庆圣诞，迎接新年"的大联欢活动。

届时请准备发言（说出孩子至少五个优点）。时间为明天下午1：30。

请安排好公务，准时参加。

谢谢！

班主任：许丹红

这些孩子大都是棘手的后进生。一直以来，家长们因孩子的在校表现和学习成绩而备受困扰，听到的也往往是负面信息或告状。为什么不趁着孩子进步的机会，让他们也分享孩子进步的愉悦，从而激励孩子呢？这不是一举两得吗？我把制作好的美美的大红色邀请书一一发到相应孩子的手里，羡慕的眼光纷纷投来。

我让孩子们以小组为单位，每个小组各出一个精彩的节目：有情景小品、魔术表演、诗朗诵、歌伴舞……真是丰富多彩。

教室里也被孩子们用圣诞饰品精心布置，充满了浓浓的节日气氛。

活动当日，接到邀请书的一位位家长克服了工作忙、身体不适等困难，一字儿坐在后面，兴致勃勃参加我们的大联欢。我则拿起了相机，不停地为孩子们拍照。

在学超、媛媛两位主持人优美的声音中，我们开始了本次联欢。从第一小组的男生小合唱，到利超的魔术表演，再到家福他们的孝敬故事表演，我大为惊叹：孩子们创造力无限，给他们一个舞台，他们会还我们一个惊喜。只见一位位家长端坐在后面，满怀激动地观看着，不时地悄悄说几句，时而鼓掌，时而微笑，全都沉浸在节目的精彩中。

印象最深的是利超同学的魔术表演：用一副打乱了的扑克，不经吹灰之力，又整理成一副从 A 到 K 的整齐牌。他那搞笑的表情，临阵不慌不忙的架势，完全看不出是那个一点儿都不自信，动不动就流泪不已的他。倘若五年级时利超不进学校体训队，没在运动会上获取冠军，还会有今天这个意气昂扬的利超吗？

伊凡率领的第四小组的歌伴舞《菊花台》，给我们每位观众留下了非常美好的印象。伊凡抱着吉他进行伴奏，丽燕和冬丽伴舞，两位小姑娘的劈一字、翻筋斗等高难度动作赢得了阵阵喝彩。

最后家长上场发言了。我首先邀请振涛妈妈讲话。她有备而来，说自己孩子有了脱胎换骨的变化，她很开心。家福妈妈上来了，用她那山东普通话表达着对老师的感激，对孩子进步的开心。洪佳爸爸、思依妈妈、寅良爸爸，一个个全都在台上留下了肺腑之言。虽然家长文化程度都不高，但他们都用朴实的语言，表达着看到自己孩子进步的开心，对我这位班主任的感激之情。

最后，全班孩子为家长们献上了一首《感恩的心》。我看到家福妈妈、振涛妈妈的眼睛里闪现着晶莹的泪珠。是啊，有什么比看到自己的孩子进步更能给家长带去喜悦呢？

晓艳在文章中写道："看到同学的家长来参加我们的'欢庆圣诞，迎接新年'的联欢活动，我心里羡慕极了。倘若我的妈妈也能被邀请，那该有多好啊。"她的话语也写出了大部分孩子的心声吧。

看到和谐又感人的场面，我不由得为自己的创意而喝彩。教育原本就是美丽的，用上自己的智慧，去赏识孩子，去激励孩子，去想方设法地调动家长们的积极性，拉近孩子、家长、老师的距离，那一刻，教室里弥漫着教育的美好与温暖。

带班锦囊 >>>>>>

一位家长对班级了解得越多，班级活动参与得越多，他就越是对这个班级充满感情，越会重视和关注自己的孩子。

（1）讲究艺术，让家长觉得来到班级是一种光荣。每一次邀请家长来参加班级活动，我常常把它当作一种契机，作为一种鼓励方式。我经常让学生写生活作文"某某进步大"或"某某，我要向你学习"，按照得票数邀请前几位的家长，郑重给家长发邀请书。那样，被邀请到的家长因为孩子表现优秀或有进步来到学校参与班级活动，会觉得分外光荣。

（2）除了让邀请到的家长来看看孩子们的活动，我常常还让家长们准备一下发言，说说最近孩子在家有了哪些改变或者对孩子有什么祝福。下面的孩子若对同学的进步感兴趣，还可与被邀请的家长进行互动，比如说，可以问问他家庭作业的情况、学才艺的情况等。双边互动，被邀请的家长常被孩子们的热情感染，也就会对班级更有感情和更为关注，从而更重视对自己孩子的引导。

妙计 45 登门家访

雨儿点点

一丝丝儿的雨，密密地斜织着，如牛毛，如花针。展眼望去，一幢幢的房屋全笼罩着一层薄烟。江南的雨景如诗如画，"沾衣欲湿杏花雨，吹面不寒杨柳风"。这样的一个飘逸着小雨的星期天下午，我撑着一把绿花小白点的漂亮雨伞，徒步，向目的地走去。

一

转过两个弯，绕过一段尚未修好的泥路，走过一个小区，来到一幢临店面的房屋。小俊家哪一间？尽管去年他生病时，我已来过一次，但如今又纳闷了。寻思、回忆，还是搞不清楚。凭记忆，找到一户人家，门关着。敲门。没声音。

换一家，敲门。门开了，是小俊的妈妈。我连忙打招呼。我说："我来看看小俊作业做好了没。"我跟随着妈妈进入了小俊爷爷奶奶居住的夹层中，只见小俊正坐在床上，趴在比床高出一些的凳子上写作业，与凳子相隔半米的电视机开着，正在放广告。床上坐着小俊的爷爷和表妹。下雨天，整个房间比较暗，唯一靠的是电视机散发出的一点光芒。

小俊一看到我来了，变了脸色。一问作业，才刚开始做最简单的抄写词语。其胞姐已做好，去同学家玩去了，爷爷、妈妈劝他上三楼去做，他不愿意。

我询问了一下小俊今年的睡觉和家庭作业情况，还是老状况，睡很晚。妈妈念叨着孩子如何不自觉，家人如何管理，可孩子屡教不改。

我笑着对小俊说："在这样的写字环境中能做好作业吗？你的眼睛怎么办呢？"他不好意思地笑了。

我肯定了小俊在学校里的进步，并与他商议如何解决自我控制问题。我告诉他，做作业首先必须有一个安静的环境，集中注意力，那样效率才高，质量才有保证。

我与他商议，以后每天发给他一张表，让他每天反馈做家庭作业、睡觉的时间，看看自己的管理、控制能力怎么样。小俊拼命地点着头，自信地说："我一定能做到。"

小俊的妈妈送我下了楼梯，说小俊和姐姐居住在三楼，有专门的房间，有书桌，他却总赖在爷爷奶奶的夹层里，不肯上去。我对旁边的小俊说："你是男子汉，以后该一人睡觉了。"他忸怩着点了点头。

二

雨丝细细地飘洒着。

春寒料峭，一阵阵凉意袭来。

穿过一个十字路口，小俊带着我来到了芳芳家。

这是一家茶馆，坐满了外地打工者，大家撑着脖子，都在看电视。

"芳芳妈妈。你好！"我笑着对门口的那个妇女说道。她妈妈我认识。"许老师，你好！"她惊讶，又激动。"芳芳，芳芳，你老师来了。"她扯开嗓子喊道，一口湖南腔。我早知道，芳芳妈妈是湘妹子。

芳芳和妹妹出来了。我笑着说："芳芳，你作业做好了吗？""做好了。"芳芳爽快地说。"那给老师看看好吗？"她随即上三楼去拿。

芳芳妈妈端来了凳子，还拿了四个橘子，剥开一个，让我吃。我推辞着没吃。"老师，芳芳在学校里不乖？"她妈妈急忙问道。

"没有。最近芳芳进步挺快的，字也漂亮多了。"妈妈听了开心地笑了。

翻看着芳芳的作业本，我不由得开始称赞了起来。对于这样的弱势生，我们最缺乏的就是表扬和赞许了。哪怕她只有一点儿的进步，也该热情地表扬，何况她进步神速，我怎么能吝啬鼓励呢？

芳芳是一位早已发育的大姑娘，头发却总是油油的，一问，原来又三天没洗头了。临走时，交代家长让她注意个人的卫生问题，记得多鼓励她，其家人笑着将我送了出来。

三

雨儿点点，芳芳在前，让她和我同撑一把伞，她说不用的，只一点点的路程。

芳芳帮我摁响了晓金家的门铃。走上晓金家的楼梯，分外干净。房门开了，是小俊的姐姐小琼。"许老师好！晓金躲起来了。"小琼眯着眼睛说。

还没走进门，晓金冲了出来。"许老师好！""你好！"我也笑着打招呼。晓金爸爸和妈妈也都出来了。"老师，看到你来，真的高兴。我家晓金学习成绩很差，不乖！"

"没有。最近她进步很快的。文章也会写了。"我抚摸着晓金的头，笑着赞许。翻看着她的家庭作业，干净又整洁，很令人欣慰。

晓金爸爸带着我参观了一下晓金的卧室，她和姐姐居住在跃层的房间里，宽敞又明亮。一问，整个居室两百多平方米，去年刚装修好，全家人居住三楼，其余的全租了出去，全年只租金就收入十多万元。三十年风水轮流转，拆迁让他们一家家全交上好运了。居住环境、生活条件好了，可管理子女的水平没有同步，我班的这几位，一个个是基础极差的困难生。

晓金爸爸非常好客，泡了茶，拿了瓜子，热情地让我吃。我只是喝着茶，言谈之中才知道，他娶过三个老婆，第一个生了女儿，离婚了，又娶了一个，生了晓金，又离婚了，现在又娶了一个，还带了一个儿子。这样的一个组合家庭，其乐融融，委实不简单。

其间，小俊的妈妈来叫女儿回家吃晚饭。在房间外面，纷纷谈到原来的老师的管理与教育能力，说只会严厉地批评，不知道用教育方法，皆夸我的教育方法好，善于鼓励，孩子们纷纷在背后谈论喜欢我，说遇上我，是一种幸运。我无意评判以前老师的教育，我刚来学校，也不了解村小老师的情况，我只是尽力地教育着。我将更多的关爱和鼓励送给了这些弱势群体。也许，很少听到表扬的孩子，因为有了赞许而倍受鼓舞，从而取得了较快的进步吧。

听着家长的鼓励，一阵温暖由心而起。在以后的道路上，我会继续努力。晓金爸爸多次盛情挽留吃晚饭，我拒绝了。

四

雨丝点点，五点了，江南的早春，朦朦胧胧，天色不早了。

晓金和他爸爸带着路，来到了本次家访的重头戏——小彬家。摁了门铃，正纳闷，不是小彬家？突然从二楼看到了探出来的小彬的头。

走上了二楼，小彬的妈妈也在。简单的寒暄之后，直奔主题，我说要检查小彬的家庭作业完成情况。我在沙发上耐心地等着，可小彬掏着书包、翻着书包，好半天都不走过来。刚才还对我说，只有一项作业了，看来，在撒谎。我让他把所有的本子拿出来，他忸怩着，脸变了色。我一本本地看，天哪！一本本都光秃秃的，一个字也没有写，难怪他刚才在书包里又掏又翻的，一直都不走来呢。

好家伙，骗她妈妈，说作业只有一项了。随即，妈妈操着云南口音破口大骂起来，说前一天讨钱去打游戏了。

这时候，小彬的爸爸回来了。爸爸看样子近五十了，与妈妈的时尚年轻简直有天壤之别，不太相衬。

我与小彬爸妈商议着怎么解决孩子的家庭作业问题，妈妈说，她经常要上夜班，没时间管理，而且不识字，无法检查。爸爸说，要开夜工，也无法管理。我劝导说，单靠学校没用，需家庭配合，不完成家庭作业是小事，最担心的就是孩子不好好学习，整天打游戏，打台球，与不良少年玩在一起，到时想管就管不了了。他爸爸随即也表示，最担心的就是这一点。

我对他俩说："每天要保证有一位在家，能管理督促好他做家庭作业。我专门把家庭作业放在一个袋子中，然后在需要做的地方折个角，这样你们检查完只需签上名字就可以了。"

通过聊天，我感觉小彬的父母好像互不理睬，在教育孩子的问题上，没有好好地沟通，小孩在这样的环境中怎么能读好书呢？

我走进小彬的房间，对他简短地交代了一下。问他能做到吗，他点着头，响亮地说，行！

和晓金离开了小彬家，可心里沉甸甸的。

五

雨丝儿继续飘着，告别了晓金，我急速地往家赶。

此刻，手机音乐响起，老公催促我回家吃晚饭了。

细雨飘上了我的身。我的心，细雨蒙蒙。他们原属城郊农村，因拆迁，已迁居城市，手中的钱多了，房子宽敞了，可孩子的教育问题，家长的素质问题，还是让人忧心不已。

路漫漫其修远兮。

雨丝不停地飘落着。

带班锦囊 >>>>>

这是我八年前上门家访的一次经历。读着这些文字，我内心满溢着一种温情。这样的上门家访，捎上一颗真诚的心，给了孩子和家长一种温暖。上门家访，也能帮助班主任寻找到孩子成绩、学习习惯不够理想的原因，才能更加有的放矢地指导家长的家庭教育。

（1）做好准备工作，不打无准备之仗。家访的时间不应过长，控制在半个小时左右，事前要理清谈话的重点，即明确家访时最想与家长沟通的是什么。一般而言，在现在通信如此发达的情况下，我们要家访的对象大多为比较难教育的孩子，或者是家庭教育方面存在着某些问题的孩子，或者是交流中感觉到家长的教育方式很独到的孩子。

（2）不要告状，多肯定孩子的优点。尽管是比较难教育的孩子，但班主任上门家访，要尽可能先在家长面前多肯定孩子的优点，比如说：您家孩子很有礼貌，我们看着很喜欢；您家孩子劳动非常积极，不怕脏不怕累，这一点您培养得真好……找到孩子的闪光点，多肯定孩子。家长听到这样的话，一般都会松下弦来，会说：这个方面是好的，就是有些方面……然后，班主任顺着家长的话头，切入正题，委婉地指出孩子的问题，剖析给家长听，问问孩子在家里的表现，再和家长说：我们一起来帮帮他，想想办法。这样的话语，家长都能听进去，觉得班主任今天来家里，是真心在帮助自己家的孩子。班主任提出的一些建议，他们也就能听进去了。

妙 计 /46 投之以李

信任，最珍贵的礼物

有些人，有些事，随着流逝的岁月慢慢地在头脑中模糊，然而，某些事，某些人，如烙印一般深深地刻在了心灵深处，无法抹去。

那年，我在小镇中心校教四年级，那个班我从一年级带起。每个学期，语文成绩总列年级第一，每周三项竞赛总列全校前三名，二年级时就获评桐乡市文明班。班上藏龙卧虎，能人辈出。现在想起来小佳的智力应该说还不错，只是班上高手如云，而他又属孤僻、不爱说话的那一类，以至于他的光芒被掩盖了。至少，在当时他属默默无闻的无名小卒。

记不清是在哪一节课上，他回答了一个怎么样的问题。总之，回答得甚是精彩，完全出乎我的意料。我惊愕之下，奖励了他一朵小红花，上面写着"聪明王子"四个字，旨在鼓励。我一直欣赏那句话："教师口袋里有的是荣誉和分数，为什么不拿出来分享呢？"所以，我常常在课堂上封一些有意思的称号来调动学生的情趣。

当了"聪明王子"之后，同学们开始对他刮目相看，而他也开始变得自信。上课时，时常能听到他响亮清脆的声音。

每当下雨天，常常是小佳的妈妈来送伞，有时与我打一声招呼，有时恰巧在走廊相遇，就笑着问我孩子的学习状况："许老师，我家小佳常在家里说你好，说你的教学方法有趣，你上的课好听。""我家小佳比以前活泼了。"许老师，谢谢你，麻烦你再多照管他一点，那小孩从小就比较内向。"……

有一天早上，晨间活动后我走出教室，还没跨进办公室，这时小佳突然跟上来，递给我一张折好的纸条："许老师，这是我妈让我给你的。""你妈妈？"我惊讶地打开了纸条。

许老师：

你好！

你教了我家小佳快四年了，我家小佳常在背后夸你，看着他越来越活泼，我非常高兴！真的很谢谢你，许老师，能遇到你这么有耐心的好老师，真是我家小佳的福气。

许老师，我现在拜托你一件事，从今天开始，请你多照顾一点小佳，只有拜托你，我才放心。以后无论在生活上还是学习上，许老师就请你多照顾他一点，麻烦你了，真的太谢谢你了。

夜来风雨声，

伤心一阵阵，

欲去无去处，

心挂无处留。

（许老师，千万不要把我写给你的话告诉别人，拜托了。）

一张折得皱巴巴的纸，潦潦草草地写着这些字，越看越糊涂，什么意思呀？为什么还不让我对别人说？我越看越惊讶，女人天生的直觉（尽管那时的我还很年轻）告诉我，信中有一种要逃离人间时的嘱托之重。"小佳，怎么回事？快告诉许老师，昨晚你家发生了什么事情吗？"我在走廊上，轻声地询问。而小佳用手挠着头皮，一脸的茫然，终于在他断断续续的回答中，我明白了一件事——原来前一晚上爸爸妈妈吵架，妈妈哭了一晚上，这一天一早把这纸头交给他，交代他来交给我，同时还红着眼睛反复叮咛，叮嘱他要好好地照顾好自己，认真读书，认真听老师的话。

我细瞅纸头，那斑斑点点的该为泪痕了。怎么办？她写着让我不要告诉别人，可我怎么感觉是生死的大事。该不该说？该不该讲？年轻的我，心里如小捶在不停地捶打。最后，我终于决定，告诉年长的张老师，他社会阅历丰富，让他帮我参谋该怎么办。我把前因后果一一告诉了他，他一听，严肃地说："小许，你得把这一件事情汇报校长。我看问题有点严重。"一听他的话，我马上向吕校长汇报。

9点15分，学生做课间操。吕校长走过来对我说："前面我打电话给她所在的村委。村委马上派妇女主任去了她家。刚才村里打来电话说，家里人才发现她已离家出走了，现在出去寻人了。"

此后，全校的老师都格外地关注小佳妈妈的事，我才知道，因为有人冤枉她与村里一男子有染，老公骂她，她感到分外的委屈，就……

第一天，听说还没找到，第二天还没找到，直到第三天，才传来已找到的消息，原来，她回到了外乡的娘家，但没进家门，而是躲在娘家的桑树地里。发觉娘家已得知消息，她想跳河，幸好被外出四处找她的娘家人发现了。听到这个消息后，我才得以心安。

那一年的教师节，小佳的妈妈一早来到了学校。她用一个信封装了两百元钱，非塞给我不可。经过如此一番折腾的小佳妈妈，再也不愿回村了。她在梧桐租了一个摊位，开始卖服装，而小佳只在周末去妈妈处。当然她给我钱的理由是希望我能多照顾一点小佳。

无法推辞的我只好收下，在小佳10月份生日的时候，我买了学习用品、字典、一套衣裤等价值两百多一点的东西，作为生日礼物送还给了他。我怎么好意思收她的钱呢？作为老师，关心自己的学生，是正常的，也是应该的。而家长居然在自己伤心欲绝，准备出走的那一刻，想到把自己的孩子托付给一位老师。信任，是我生命中最珍贵的礼物。这两个字，犹如一盏明灯，照亮了我前进的道路，我无怨无悔地行走着、欢笑着、播撒着……

带班锦囊 >>>>>

投之以李，报之以桃，因为对待孩子真诚、真心，才赢得了家长的信任。

（1）不因为孩子的家庭条件的好坏、家长社会地位的高低而对孩子区别对待。

（2）孩子个性内向、孤僻的，平时更应该多与他交流，鼓励他参加各种班级活动。

（3）多鼓励孩子，用各种别出心裁的方法来打开孩子的心门。

（4）与家长沟通时，真诚、真心而热情。

人心都是肉长的。老师真心、真诚，方能赢得家长的信任。有了信任，才能家校合作，共同托起孩子美好的未来。

妙计/47 干预家庭

提高农村家长的家庭教育素养

2003 年暑假，我调到一所市属小学。第四个年头，要接手五年级，抓阄抓到的班级，语、数成绩最差，与最好班级要差三分左右。有全校唯一的不及格分子小戴，有每天不做家庭作业的小强、小涛、小福，有来自村小的顽固分子鑫炜，有屡屡逃学的小峰……语文第一单元的考试，有 11 人不及格的超级记录，令我愣在座位上，半天说不出一句话来。数学老师、科学老师频频告状。如此的班级，我犹如步入丛林，森森又深深，有点透不过气来。又一回，一个严峻的考验，摆在了我这位班主任的面前。

既然有缘相聚一起，今生成为师生，那就来珍惜这一份可遇而不可求的缘分。迎难而上，才是一位优秀班主任所该具备的特质。我抱着穿越丛林现蓝天的执著信念，勇往直前，用办法总比困难多来不断鞭策鼓励自己，鼓足前进的勇气。

我默默地对班级进行诊断，寻找突破口：我发现在班上，不做家庭作业、家校本上家长不签名的现象比较普遍，家长放任自流，根本不去管理，认为学习是学校的事。我决定把"提高农村家长的家庭教育素养"作为突破口，开展了一系列的工作。主要举措如下：

（1）写信给家长，传授科学的教育知识。

我本着与家长齐育人的理念，平时注意收集素材，放弃晚上的休息时间，每半个月向全体家长写一封针对班级孩子具体情况的信，比如《用书籍装点孩子的童年》《红日班两大楷模家长》《感动红日首席好妈妈》《做最好的家长》《您是孩子的榜样吗？》《换一种方式给压岁钱》……利用信件这一个平台，我有效结合自己所在班级里具体的人和事，传授教育学、心理学、学科教学等方面的知识，进行系统干预，不断提高家长的教育素养，为家庭、学校的合作打好基础。

（2）树立优秀家长典型，以点辐面。

在班级里，我首先树立了两大楷模家长——志宏家长和伊凡家长，用《红日班两大楷模家长》这一封长长的信，深入介绍这两位家长的正确做法，让其他家长明白，新时代做家长，不要仅仅满足于让孩子吃好穿暖，更要懂得引导。同伴之间的影响最大。这样，一批家长自然紧跟而上。

同时，不断发掘新的跟上来的家长，以点辐面，形成良性循环。我班的小 Q，据他原来的班主任反映，从来不做家庭作业。几回交手，我确确实实领略了他的懈怠和拖拉，几乎每天都是最后一个回家。渐渐地，我通过观察，发现导致他每天须留下来的真正原因是速度慢，无论什么作业，他总是拿着笔，慢慢写，耗到老师下班，耗到老师没耐心管他。唉，一位标准的磨洋工专家。

我曾让他担任提高组的语文组长，曾大肆夸奖他脑瓜聪明，短时间内的确调动了孩子的积极性。他妈妈说：“许老师，你真有办法，我家的孩子现在开始主动做作业了。”

尽管孩子有了微细的进步，毕竟中毒太深，没有狠猛的“解药”，毛病很难真正根除。在家长会上，我听孩子妈妈说，他作业要做到晚上 10 点。孩子的磨蹭习惯已影响他的身体健康，所以我提笔在家校联系本上写道：请家长记录好孩子每天完成家庭作业的时间，我好做到心中有数，及时对孩子进行教育。

按照我的要求，他妈妈每天都记录好孩子在家完成作业的情况。每天再忙，我也要挤出时间，与她进行交流。我根据家长的留言，写上富有针对性的措施。小 Q 妈妈有过欢喜，有过彷徨，有过无奈。当面对孩子成绩屡屡提高不了的情况，小 Q 妈妈有些泄气的时候，我安慰她：你起步太晚了，错过了培养孩子良好习惯的黄金时期，要慢慢来，要咬住青山不放松……

另一个方面，我给予小Q更多的鼓励，让小Q妈妈体验到孩子进步的喜悦。当看到小Q的速度提高了，我就额外奖励他喜报，看到他第四单元只考了79分，我就悄悄地与他商量，借给了他1分，让他妈妈第一次尝到80分的喜悦。当着全班同学的面，我努力去焕发孩子的自信，渐渐地，笑容挂上了孩子的眉梢。

我和小Q妈妈每天在纸上进行心与心的交流。整整两大本，记录着我与小Q妈妈心灵交流的轨迹。也是在每天的交流中，我知道了小Q妈妈是一位高度盲残，戴着两千多度的眼镜。她说，她之前之所以不检查孩子的作业，是因为看不清孩子的糊涂作业。而我这位班主任的真心付出和对事业的执著，深深地触动了她这位不称职的母亲，她再也不能以看不见为理由为自己开脱，而要克服身体上的缺陷，帮助孩子，与老师配合，把孩子的学习成绩提高上去。白天她没有时间，要给装修卫生间的老公拎泥桶，晚上，40多岁的她和孩子一起凑在昏暗的台灯下，督促孩子做作业，帮孩子检查作业，与孩子一起看书。

世上只有妈妈好，只有妈妈才愿意为自己的孩子如此付出。我把她的故事郑重其事地讲给班上的全体孩子听，有的孩子眼里溢满了泪花，对于这样的一位母亲我们心生敬佩。

为了鼓励小Q妈妈，也为了让更多的家长了解小Q妈妈的付出，我给家长写的第五封信是《感动红日首席好妈妈》，专门把这位可爱可敬可佩的妈妈的事迹向其他的家长隆重地作了介绍。

通过这样的信，一位为孩子艰辛付出的家长的感人事迹，为众多家长所知晓，也震撼了一大批家长，许多家长纷纷在反馈中写道，面对小Q妈妈的付出，还有什么理由为自己的懈怠找理由呢？这样，一批平时对孩子的学业漠不关心的家长也开始紧随而上。

（3）向家长报喜，邀请家长来到班级。

我根据孩子们的进步，经常给家长发喜报。喜报形式多样，可以发手机信息喜报，发家长荣誉证书，发最称职家长证书，发感动红日十大好家长证书。种种荣誉证书的发送，让家长感到自己的付出有回报，帮助他们树立前进的信心，体验孩子前进的喜悦。

同时，我每周开设"家校互动日"，邀请家长走进我们的班级，与孩子们互动交流，让家长感受孩子进步的喜悦，体验与孩子共同成长的激动和感动。

只一个学期，红日班的语文、英语成绩就列全校第一，一年后，数学成绩也列全校第一，两年便被评为校优秀文明班级。各级各类比赛，红日班都位于年级前列，一跃成为全校闻名的好班，并赢得了家长们的好评。

带班锦囊 >>>>>

当班主任，要以乐观、积极的心态，微笑着接手差班，要想办法与各类差班、各类问题孩子打交道。接差班，就意味着挑战困难，挑战自己。而很多孩子身上的问题根子在家教，这就要求班主任要适时、适当对家教进行干预。挫折面前不抱怨，不放弃。

（1）要静下心来，先诊断班风，看看差的原因在哪里，进行细细的归因。

（2）找到原因后，再寻找突围差班的"突破口"。以"突破口"为切入点，将其当作自己班主任工作的小课题，默默地进行扎实有效的深入研究。比如根子在家长的教育素养低下，那就从提升他们的家庭教育素养开始。

（3）以爱心开道，以智慧铺路，以反思为桥梁，不断实践，不断摸索，不断提高自己的班主任专业水平。

妙计 48　多元激励

激励的岂止是孩子
——调动家长积极性的点滴实践

教师忙，忙在哪里？备课？批改？补差？每一位一线教师，都有深刻的体验，最消耗时间和精力的，不是备课、批改，而是孩子没在家中认真完成作业，该完成的朗读作业没做，原本回家需完成的事情，需在老师的监管下才完成。孩子一天中"老账新账"一起来，忙碌不已，下班铃声响过，还没梳理清楚，老师更费尽精力。老师家长兼于一身，能不忙吗？苏霍姆林斯基说："为什么教师没有自由支配的时间呢？原因很多。我认为，最主要的是，由于家长的教育素养很低和缺乏责任心，教师就往往不得不承担本来应该由家长承担的义务。"

什么样的家庭出什么样的孩子。通常家长素质高的、家庭教育良好的孩子，就算资质一般，品德、成绩也无需多操心的。而费心的通常是家庭教育不受重视、家长没有精心观察和监督的孩子。所以苏霍姆林斯基的帕夫雷什中学非常重视家长工作，目的是为了使家长成为孩子最早的教育者和启蒙教师，以便在他们的精心观察和监督下，不让孩子养成懒惰和闲散的习惯。

当然以现在的条件和我国的国情，我们不可能如帕夫雷什中学所介绍的那样，指导刚结婚的新人怎么来教育孩子，让就学前两年的幼儿提早来学校参观，一次次组织家长学校。

然而，通过多年的摸索实践，调动家长的积极性还是有方法可寻的。

（1）家校联系，为家长点一盏前进的明灯。

现在的社会，竞争激烈，优胜劣汰。其实，即使文化素质低的家长都能意识到读书的重要性，只是他们不知道该怎么教育孩子。他们所看的书少，经常对孩子放任自流，孩子要什么就买什么，在幼儿时期让孩子养成了霸道、懒惰的坏毛病。可一旦读书了，等到你想管教时，孩子的任性令家长束手无策。记得班上一位家长曾悄悄对我说："老师，我家的孩子特别犟，有次他不乖，我们让他别吃晚饭了，他就到9点多也不吃。有次让他别睡觉了，他就站在卫生间里，拉他也不睡了。有天让他别回家了，他就站在墙角，一声不吭，求他进来还不愿！把我们给吓死了。他只听得好话的。"一个10岁不到的孩子，"厉害"到如此地步，难怪一次次对他家长说，"他家庭作业字不好，请让他写好一点"，可一点儿作用都没有。我笑着对家长说："那他是抓住你们家长的弱点了。"

怎么提高家长的教育素养呢？怎么来指导家长呢？

不如定时给家长写信，指导家长怎么去教育孩子。把卢梭的"自然教育法"、陶行知的"爱的教育法"、朱永新的"鼓励自信法"等方法传授给家长，让家长能理智地去爱孩子。同时告诫家长不要总盯着孩子的成绩，平时加强与孩子的交流与沟通，创设"书香家庭"，让他们一起与孩子背经典诗词，创设良好的家庭教育的氛围，提高家长的教育素养。

（2）多元激励，让家长品一颗喜悦的糖果。

曾经看到过一篇反映家长心声的文章："最怕老师来电话，最怕老师来家访，最怕老师邀请你到校。"我们诸多老师，通常在孩子有了这样那样的错误或成绩落后时，才急急与家长联系，才"告状"，造成了家长一听到老师的声音就恐慌的心理。

望子成龙，盼女成凤，谁不希望自己的孩子出色、受老师赏识呢？曾亲耳聆听这样一件事：某孩子学习不好，总是要老师放学了补课，某天老师请来了家长，把这情况告诉了他妈妈，希望家长注意点，能在家多教导教导。他妈妈竟然说："老师，他读书不行的，你就原谅他好了。"固然家长素质不高，但换个角度分析一下，家长说这话，不正是我们的教育让孩子的妈妈失却了对孩子的信心吗？试想，有谁甘心承认自己的孩子不如别人呢？是不是我们的教育让弱势孩子体验成功的机会太少了呢？我一直这么反思着。怎么办呢？

第一，及时发喜报。

每个孩子（特别是弱势孩子，越是这样的孩子，越是家庭教育有问题，越需要鼓励孩子和家长，有的家长在孩子教育问题上一直品尝不到成功的喜悦，都灰心了，听之任之，任其在学习上自生自灭，想着反正读满九年就找个工作上班得了）总有其闪光点的吧，抓住它反复表扬。当看到孩子的细微进步，就利用现代通信设备，及时给家长发送喜报，让家长看见孩子的进步，从而激发家长耐心教育孩子、重视孩子学习的热情。品尝到成功的喜悦，家长既能体会老师的爱心，又能增强耐心督促孩子的责任心。

第二，分批发"好家长"证书。

根据孩子家庭作业的质量、在校的各类表现，定期给家长发放"好家长"证书。每一位家长收到"好家长"证书时，会产生无穷的动力，"好家长"的荣誉会促使家长拥有更强的责任心。同时家长看到了自己的努力有了回报，成就感和兴奋感会督促他反思，今后会更努力。我发放第一批"好家长"证书后，还收到了不少回信，说因工作繁忙，对孩子的教育不够尽心，对孩子心怀愧疚等等。即便有疏忽的地方，在以后的日子里，家长会更努力、更科学地督促孩子。我班有位孩子一直以来学习成绩不好，他妈妈也经常指点，可孩子的成绩一直不如意。那天，他妈妈收到了"好家长"证书，孩子告诉我，妈妈特别开心，每天指导他做家庭作业时笑眯眯的。

第三，按时发"最称职家长"荣誉证书。

给按时完成家庭作业、每次课外作业都认真书写、没有遗忘过需带的东西、有着良好习惯的孩子的家长发"最称职家长"荣誉证书。一月一发，让家长看到努力的成效，让孩子继续保持良好的习惯。学校家庭双管齐下，才能使孩子一直拥有良好的习惯。

带班锦囊 >>>>>

家长是教育的同盟军，只有当班主任把家长的积极性调动起来后，家校携手，孩子方能取得长足的进步。

想尽办法调动家长的积极性，可以采取多元激励的方法：

（1）以鼓励为主，给孩子发喜报，给家长发喜报。做家长的都希望看到自己的孩子的进步。

（2）定期给家长写信，结合班级的情况以及教育学、心理学的知识，提升家长的教育素养。

（3）定期评选优秀家长、特殊贡献家长等荣誉称号，让家长们看到老师的用心，让他们跟随着孩子一起进步。

妙
计/49 亲子课程

就这样相拥着走遍万水千山
——"小鸿鹄游大中华"亲子课程开篇之语

古人云，读万卷书，行万里路。

现代人说，生活不只是眼前的苟且，还有诗和远方。

远方，是什么？是一望无垠辽阔的草原？是茫茫无际的沙漠戈壁？是亚丹地貌的无比神奇？是海上岛屿的烟波浩渺？……自南朝的谢灵运开始，中国人把一片片野山荒泽转变成美丽的山水，这是人文精神的功劳。美景从此进入地理文本，成为中国地理文化中特有的品项。

可联想自己，我是到了30多岁才对有底蕴的历史古迹、灿烂的文化慢慢感兴趣的。记得28岁那年，因一篇论文获奖，应邀独自一人去山西太原参加一个研讨会。当来到已两千多年的晋祠，当看到四川两位年长者拿着笔记本，认真记录，认真聆听时，我充满了好奇。毫无知识储备的我，看到一个古代的建筑，只觉得平庸、平常、平淡。这样的建筑，我们江南不是比比皆是吗？浑然不知，这地儿早已承载了两千多年的文化和底蕴。

纵观身边朋友，甚至语文同仁，携带孩子来到鼎鼎有名的故宫，却说，拍照没处拍，景色不好看。一位鼎鼎有名的校长，还对自己家人说，西安是最没看头的地方……

历史遗迹、美景的观瞻，需要知识的储备。不然，只是觉得美，抑或只觉得平庸，不好看。

曾经看到一篇文章，说读唐诗的理由，就是当你带着孩子某一天来到某个地方，孩子会有一种似曾相识分外亲切的感觉。他会不自觉地与古代作者，努力寻找一份心灵相契。于是，山变得更有味道，水变得更通灵性。

看看我们的孩子们，在家长带领下，一到节假日，满中国甚至国外飞，说是长见识。但我们都清楚，许多时刻，因事先没一定储备，看只为看，玩只为玩。

我该为孩子们做点什么呢？真的不希望我们班的小鸿鹄，将来如我一般，到了近30岁，独独只爱自然美景，对承载了几千年的历史文化古迹，毫无感觉。或者，只会看看动物，玩玩游乐设施，当然，这些于童年也很重要。只是，在赏美景、玩乐的同时，对我们祖国的悠久文化、地质地貌、民风民俗也能知其个所以然，不是更有意义吗？

我在寻觅，在思索。

有幸，偶然之间，遇到了这么一套书——《写给儿童的中国地理》。以天府之国开篇，洞庭南北、千里中原、黄土高原、祁连内外、云贵山中、岭南天地、东南丘陵、江淮水乡、白山黑水、内蒙古高原、天山南北、世界屋脊、海上明珠，共14本，装帧精美，图文并茂，结合讲历史、故事，介绍各地风土人情，饶有趣味地讲述了遍布祖国大地上的珍贵的历史遗产、名山大川、地理地貌。

这不是我正要寻觅的吗？

于是，呼吁每一个家庭，为每一位孩子购买了两张地图——中国地图和世界地图，张贴在家中最显眼之处。

每天的班级群中，"喜马拉雅"播放两集《写给儿童的中国地理》。负责的桐妈每天准时播放。孩子们也是越听越有感觉。慢慢地，家长们陆续买来了这一套书。

2017年4月5日，我们正式启动"小鸿鹄游大中华"的亲子课程。

从这一天开始，我们班的"小鸿鹄游大中华"亲子课程正式开始，鼓励孩子爸爸和孩子一起读（可让孩子读，也可爸爸读一段，孩子读一段，一般一晚上读1～2章，读好后再在地图上让孩子找一找，讲一讲），并拍好照片，发在桐乡教育的班级圈上。具体文字为："小鸿鹄游大中华"亲子课程——走进"天府之国"，我是某某某，今天我和爸爸（妈妈或爷爷）共读了第几页到第几页。读书越多越聪明，我已坚持了第几天。

当晚，爸爸们和孩子们开始行动。平素喜欢玩手机、打游戏或工作繁忙的爸爸们，挤出时间，纷纷陪伴孩子一起读。

心近写道：我觉得爸爸和我一起读，很幸福。

只看见班级圈中晒出来的照片，温馨又温情。一位位爸爸，当然也有妈妈，陪伴着孩子，在读，在听，在看。这一张张照片流露出的温馨，足以打动每个人的心灵。

我相信，每一位在认真带领孩子读这一套书的家长，自己肯定也是边陪伴孩子边学习。宛如我自己，带领孩子读的过程中，我学到了许多知识。我第一次知道了，四川的来源，并非四条河流，而是进四川的四条路。许多许多的地理、人文，我也是看了这一套书后才恍然而知。这些天，我们一直在书上游长江三峡，已对三峡线路、两岸人文、自然景点有了基本的感知、了解。倘若以后带着孩子去游三峡，不是更觉得亲切吗？面对导游所讲的典故，面对白帝城的刘备托孤雕像，不是更感兴趣吗？

昕玥在聆听爸爸给她读走进"天府之国"时，结合观看妈妈去四川旅行的照片。这样的心心念念，这样的无痕铺垫，当某天孩子亲自踏上这一片土地的时候，内心会有多少的期待和感慨呢？与从没了解过这一方土地的孩子会有一样的收获，一样的心绪吗？

每晚，我和孩子爸爸轮流陪着孩子一起读，一起沿着长江顺流而下，一起点着地图观看。

班上54个家庭，每一家都这样，爸爸或妈妈陪伴着孩子，一起轻轻朗读，然后，站在那只神奇的雄鸡前，观看、观赏。爸爸为孩子用双手比画，或者爸爸环抱着孩子轻轻诵读，或者父子俩一起在地图前探究……

琅琅书声，朗朗乾坤。

读书、看图、听书……大小鸿鹄共游大中华。我们拟用一年的时光，把《写给儿童的中国地理》读遍，把中国地图看遍。

不要说，这一个课程一定给孩子增加了多少的地理知识，带给了孩子多大收获，多少的地理概念。只想说，父母的这一个温情的陪伴，已足够温暖孩子们的童年了。不是吗？

但愿每晚美好的亲子时光，让中国地图深深地刻入孩子们的脑海，让大中华的山川河流陪伴每一只小鸿鹄走过美好的童年时光。

然后，慢慢地长大。

等有一天，孩子亲自踏上这一片片神奇的土地，感慨悠久的历史，灿烂的文化，美丽的风景时，爸爸妈妈陪伴的时光会浮现在孩子的眼前。

这一刻，即为圆满。

带班锦囊 >>>>>

家校合作是为了孩子的健康成长，让孩子充分享受到来自教师和家长的关怀，使教育给孩子带来欢乐。由于家庭千差万别，家长对子女的教育理念也不相同，学校还应担负起指导家长开展亲子活动的职责。

（1）亲子课程形式多种，但陪伴孩子一起读书，对低年级的家庭来说，意义重大。还可以组织一些亲子活动，比如十周岁成长礼、野餐等，都可以用亲子课程的方式来调动家长们、孩子们的积极性。

（2）亲子课程不要流于形式，班主任要做好指导与监督检查工作。

（3）期中、期末进行表彰，冠以"书香家庭""亲子共读先进个人""十佳好爸爸""感动班级十位好家长"等不拘一格的荣誉称号来表彰做得好的家庭。

妙计 50 微信讲座

微信群与微讲座

近两年，随着腾讯微信软件的普及，更多家长喜欢使用微信，不太打开QQ了。

从 2016 年的新学期开始，我与家长们的交流，由原来的 QQ 群逐渐转移到了微信群上。当然，我继续保留了 QQ 群的相册功能。

我把加了自己微信的部分家长拉到了一个群里，取名北港长河 603 班。把群二维码发在 QQ 群中，通过校信通告诉每一位家长：为了方便家长交流，将建立班级微信群，请各位家长扫描二维码或通过熟人拉熟人的方式，尽快加入到我们班级的微信群。

进来的家长纷纷感叹，如今有了微信群，更方便了。一周不到，几乎全班家长都加到了微信群中，以实名的方式——某某孩子＋爸爸（妈妈）修改好群名片。这样，我们的班级微信群正式确立了。

为了让整个班级微信群活跃起来，而非总是几位积极活跃的家长发言，我开始动起了脑筋。怎么才能营造所有的家长敢于说、乐于说的气氛呢？我指定我班的校家委成员楚涵妈妈，排出一周值群表，每天两位。轮到值群的家长，要在群内多发言，要招待发言的家长，聊生活、聊孩子、聊工作，只要是积极向上的，都可以聊，也可以转发一些微信上看来的心灵鸡汤。

有了群值周之后，果然，原本沉寂在群中潜水的家长开始说话，开始参与讨论了。良好的群氛围慢慢形成。每天早晨，都有家长在群中问候。

我即时在群内转发一些班级活动的照片、孩子们获得荣誉后的照片，让家长自由下载。常常几张照片刚发下去，家长们便送上鲜花和掌声。当然，设置微信群的作用，不仅仅是烘热氛围，如果这样，QQ 群已经足够。

寒假时，我开始考虑利用班级微信群进行家长微讲座，就是利用微信上的语音功能，开设讲座。

新学期一开始，我根据孩子们的各项寒假作业，评选出了班级寒假优秀少年，邀请了四位家长在微信群中进行微讲座。

我先在群中进行预热：本周六晚 7 点，第一批寒假优秀少年家长——楚涵妈妈、若菲妈妈、钦杰妈妈、梓昕妈妈，每人 20 分钟左右讲讲孩子寒假如何学习、生活两不误，如何帮助孩子过一个有意义的寒假。注意事项：当有家长在讲时，其他家长不在群里发图、发言，等全部家长讲完后再讨论。

重要的事情说三遍，我每天在群内发三遍广告。家长们都说非常期待。梓昕妈妈说，太紧张了，从来没有听说过有什么微讲座。楚涵妈妈笑着说，紧张得晚上睡不着了。

在所有家长们的热烈期待下，微讲座如期开始。四位家长准备充分，写得非常的好，讲得更是一级棒。楚涵妈妈那天在杭州办事，坐在杭州到桐乡的快客上，给家长们进行微讲座。而我一边在书房锻炼身体，一边主持。好多家长表示非常震撼：原来同样的假期，有的孩子只是懒散地玩电脑、看电视，而有的孩子却那么努力。家长纷纷感叹说，被触动了。有的家长没时间准时收听，但一个个都事后补听。第一次微讲座出乎意料的成功。多么方便、多么温暖的微讲座。

两周后，紧接着进行第二次微讲座。那天，我爱人正好不在家，我独自一人带小孩，小孩调皮捣蛋，干预了我主持，也想过，如此这样下去，那不是影响我的业余生活吗？

办法总比困难多，从第三次微讲座开始，我开始引入主持人。有家长主持、有家长们发言，而我呢，只需与其他家长一般，在微信群中送上鲜花和掌声，或者简短点评就行。

从第四次微讲座开始，微讲座的舞台交给了孩子们。主持人是班上孩子，主讲人也是班上孩子，认真学习的、乐于助人的、写作好的、才艺好的……只要这个孩子有擅长之处，只要这个孩子有闪光点，就能在这个舞台上发言。在微讲座前，每一个孩子还要发送才艺展示，可以用手机来拍视频，比如钢琴、笛子、萨克斯、画画、书法等才艺。视频发上来，全班孩子和全体家长全都能看到。把微讲座的舞台交给班级里的孩子们，比家长进行微讲座效果更好。运动会上，一位家长来观摩，她拉着我的手说："许老师我以前只知道赚钱，从来不管孩子的学习！现在想起，真是后悔！这个微讲座太棒了，我家孩子听到同学说做作业定时间后，他现在做作业自己也制定时间，不再拖拉了！"听着她连声的感谢，我也非常高兴。

从第五次微讲座开始，增设广告，就是进行微讲座的人员来个大合影，再配以热辣的广告宣传语，引起所有家长和孩子们的热切期待。每一个孩子、每一位家长以能作微讲座为荣。

我班的孩子们，爸爸妈妈是私企老板的较多，针对这个现象，我提出了"不比吃穿比才艺，不比聪明比勤奋"的班训。学习才艺蔚然成风。最令我高兴的是，两位孩子原本已放弃钢琴的学习，因为"不比吃穿比才艺"的班风的倡导，重新又拾起了钢琴，每天都抽时间练习。

原本几乎每门功课都徘徊在年级末尾的班级，通过努力，在桐乡市毕业抽查上，门门提升，尤其一向弱势的数学、英语提升更快。正如同办公室沈老师所言，我不仅把孩子们的积极性调动起来了，还把家长们的积极性也调动起来了。

话题的征集、孩子作品的展示、班服的征订，我们几乎全在微信群上搞定，不得不令人感慨现代化通信技术的先进性。

班级微信群的有效使用，为我们的班主任工作打开了一扇窗。

附梓昕同学的微讲座内容：

尊敬的老师、叔叔阿姨，亲爱的同学们：

大家晚上好！

我是梓昕，今天能在这儿演讲，我感到非常荣幸。许老师让我讲的主题是：如何在学好主科之外学好美术、音乐、体育和奥数。可是说实话，我在这些方面学得还很不够，与优秀同学相比差距还很大。我只能讲讲自己学习方面的几点体会，与大家一起交流。我觉得不管学什么，要学好，主要有"三宝"。

第一"宝"就是兴趣！你对一样事物如果没有兴趣，你肯定学不好。因为你根本不想去学，也学不深，学不长。相反，如果你对所要学的对象充满兴趣，那么你想不学好都难，因为你会去钻研、去深入。而且，兴趣是可以培养的，暂时不喜欢的东西，学得时间长了，学习有所进步了，你也会产生兴趣的。

第二"宝"就是恒心和毅力！有了兴趣第一"宝"还不够，做任何事，持之以恒很重要，不能半途而废。即使失败了，也不能放弃，跌倒了再爬起来。毛主席说过"世上无难事，只要肯登攀"。只要你有恒心、有毅力，只要你用心去做，努力钻入事物中去思考，坚持不懈，就一定会成功。

说起第三"宝"，也是不得不拥有的，那就是——谦虚！俗话说得好："虚心使人进步，骄傲使人落后。"即使你获得了很大的进步，也要像居里夫人那样不被盛名宠坏，要谦虚谨慎，这样才能使你更上一层楼。山外有山，人外有人，比自己优秀的人很多很多，我们只不过是沙漠中的一粒沙尘，是那么的渺小。

有了兴趣、恒心和毅力，保持获得荣誉后的谦虚，即使你没有天赋，也能学好，比别人做得更优秀、更好。大家一定听说过"笨鸟先飞"的道理，就像我这只笨鸟，学得很早，虽然与优秀的同学比有差距，但我相信，只要坚持不懈地努力，持之以恒，我一定会追上大家，甚至超越。

同学们，你可别因现在家长们让你学这学那感到烦心，在将来，你会比别人多一份机遇，多一次胜出的机会，多几个有共同兴趣的朋友。先苦后甜，每个人都要有危机感和紧迫感，因为优秀的人也许比你更努力，更自律，付出更多。

以上是我自己一点小小的体会，感谢大家的收听，谢谢大家！

带班锦囊 >>>>>

互联网时代下，信息高速公路畅通无阻，与家长之间的沟通联系不仅仅局限于口头传播、文字传播。人与人之间的交流，更方便了。作为一位班主任，要顺应时代发展，将现代媒介巧妙运用在自己的工作中。

（1）利用校信通、QQ 群、微信群来与家长沟通交流，非常便捷。

（2）在班级微信群中进行家长、孩子的微讲座，打破了以往家长与家长单一的联系，有利于及时了解彼此的做法，促进家长间的互相学习和借鉴。

（3）搭建孩子们展示才华的舞台。微信群上的讲座不局限于家长们，还可把孩子们引入进来，最大程度发挥班级微信群的鼓励功能。

第六辑　诗歌共吟最滋养

妙计 51 以诗为歌

我的故事 >>>>>

以诗为歌，润泽学生的生命

润泽的教室，是孩子们幸福成长的乐园——一直以来，润泽学生的生命是我的教育信念。润泽的教室，洋溢着家庭的温馨，弥漫着乐园的气息，滋润着孩子的心灵。我潜心并醉心于班主任工作，在孩子们脆弱、纤细的心灵上种花，做诗意、阳光的心灵种花者。

（1）创意嵌名诗，是我走进孩子心灵的魔杖。

书香逐迩沁心脾，我以诗歌为载体，丰富孩子们的生命，润泽他们的心灵，努力让班级管理弥漫着浓浓的诗情画意。

刚接班的第一天，我就给每位孩子送了一份珍贵的礼物——将每位学生的名字，镶嵌在两句诗里，然后打印出来，装在信封里，作为见面礼送给孩子。别出心裁的礼物，给孩子们留下了非常美好的印象。比如：

晓婷——晓荷绽颜无限娇，婷婷玉立性高洁。

诗媛——唐诗宋词皆上品，琴棋书画小媛通。

梅杰——梅花香自苦寒来，若想杰出勤为先。

原本普通的名字顿时变得生动和丰富，不经意间，也点燃了他们的求知、进取的火花。

（2）改写诗歌作评语，让诗意充盈孩子们的心灵。

学期结束，我别出心裁地根据班上每位孩子的特性、禀赋、爱好，给每位孩子编写或改写了一首首儿童诗，作为评语又当作礼物送给孩子。比如我送给品学兼优的女孩小佳的评语为：

美丽一万倍
——送给小佳

小佳啊
比全世界所有的——
国王宫殿加起来
还要美丽一万倍
那是繁星点点的夜空
那是你明亮的眼睛

小佳啊
比全世界所有的——
女王的衣裙加起来
还要美丽一万倍
那是清澈倒影在水中的彩虹
那是你永远灿烂的笑脸

小佳啊
比繁星点点的夜空
比清澈倒影在水中的彩虹
还要美丽一万倍
那是天外的神的国土
那是美丽又智慧的你呀

我送给成绩中等、沉稳、体育颇好的姚卫的评语为：

你是那颗最为闪亮的星
——送给姚卫

沉稳如山

稳健如松

他的名字叫姚卫

奔跑如风

敏捷如雷

他的名字叫姚卫

睿智的阳光男孩

踏实、绅士、优雅

犹如天边的那颗最为闪亮的明星

让人忍不住看了又看

……

每位孩子都是独一无二的生命个体。学生看到这些诗歌，那份欢欣鼓舞无以言表。润泽的教室，因为有我为孩子编织的如花岁月而诗意绽放。

为了让这些诗歌评语的教育效果发挥到极致，我让学生把贴在评价手册上的诗歌，抄写在晨诵本上，与家长一起吟诵，让他们背下来，再动笔写写读诗歌的感受。

悠悠诗心尽在吟诵中，幽幽师情尽在诗歌中，这样的诗歌作为评语，深深地进入了学生的心坎里，装点了学生的童年，滋润了他们的心灵，激励他们向着明亮那方前进，前进！这样的诗歌，更能打动家长的心灵，反过来，家长也会教育自己的孩子学会感谢教师。教育真的是一件美丽的事情，可以没有苦口婆心，没有指手画脚，就这样，心已紧紧地贴近。

（3）以诗以歌，努力去为每一个生命颁奖。

每一个生命，无论他天资聪颖抑或愚钝，都值得我们用心去尊重和爱护，并寄予无限的希望。我给班上每一位花香扑鼻的女孩赋予花的含义，给她们颁奖：怡笑——牡丹奖；原青——荷花奖；子涵——茉莉花奖；为佳——百合花奖……一位位女孩因被赋予花的名称而变得更娴雅，更知书达理，我诚挚地祝愿她们将来都能做心思细腻、花香沁人的女子。我给每一位男生赋予树的灵魂：杭宇——楠木奖；箫箫——杉木奖；小玮——白桦树奖；思豪——银杏树奖；滋行——紫檀树奖……希望这些男生今后都能做顶天立地的男子汉。

当有孩子表现出色，我就送给这位女孩或男孩生命的庆典——"某某公主日"或"某某王子日"：小公主穿上裙子，戴上大红的玫瑰花冠。小王子穿上西装戴上黑领结，头戴王子头冠。为他／她送上符合他／她生命特质的诗或词，再精心挑选一首歌曲送给他／她，当然还要进行歌词的改写。

请看这样的一天：

2012 年 3 月 7 日，我走进教室，打开电脑，出现了这样的 PPT：紫色的画面上，一个可爱的卡通女孩低低地斜倚在浪漫的树枝上，一行黑色的大字格外醒目——"3 月 7 日，子涵公主日"。当屏幕上出现这样的画面和文字的那一刹那，全班都在惊呼。

子涵面带微笑，大大方方地走上来，还了我一个公主礼。

班长滋行上来祝贺："子涵同学，你真有责任感。我代表全班男生向你祝贺！"子涵再次微笑地还礼。

全班站起来，用掌声热烈地向她祝贺。

该为她送诗了，我精心挑选了《行香子·茉莉花》。先是女生齐声微笑着吟诵，然后是男生一起站起来深情吟诵。子涵的眼睛如月牙一般弯弯。

该送歌了，我为子涵精心挑选了一首《好一朵美丽的茉莉花》，并为她改写了歌词。

好一朵美丽的茉莉花
——送给亲爱的子涵

好一朵美丽的茉莉花

好一朵清新的茉莉花

芬芳美丽满枝桠

乖巧可爱人人夸

让我来将你夸夸
就是吴子涵
茉莉花呀茉莉花

好一朵优雅的茉莉花
好一朵迷人的茉莉花
芬芳美丽满枝桠
聪明伶俐人人夸
让我来将你夸夸
就是吴子涵
茉莉花呀茉莉花

好一朵芳香的茉莉花
好一朵馥郁的茉莉花
芬芳美丽满枝桠
歌声优美人人夸
让我来将你夸夸
就是吴子涵
茉莉花呀茉莉花

好一朵清丽的茉莉花
好一朵香甜的茉莉花
芬芳美丽满枝桠
人见人爱大家夸
让我来将你夸夸
就是吴子涵
茉莉花呀茉莉花
……

　　《好一朵美丽的茉莉花》的旋律一直在教室里轻轻地飘荡，子涵笑呀笑
呀……这样的庆典融入了学生的生命，给予子涵最隆重的祝贺。

纪伯伦说，工作是看得见的爱，通过工作来爱生命，你就领悟了生命最深刻的秘密。我应该觉得庆幸，在青春尚在我身上徘徊的时刻，我能及时找到工作的乐趣，当许多老师抱怨班主任工作烦琐无奈时，我却游弋其中，体验着快乐……

快乐教书，智慧地做幸福班主任，让润泽的教室成为孩子们快乐成长的乐园，这是我的教育理想，也是我现在乃至以后不变的目标。

‖带班锦囊‖ >>>>>

润泽的教室里，诠释着诗意的教育生活，诗化的带班方式，正是一种教育的浪漫。

（1）诗化评语。最头疼的评语，变成了每人一首诗歌，诗歌融入了孩子们的生命，给予孩子最隆重的祝贺。

（2）送嵌名诗、开设以名字命名的"王子日""公主日"，再给主人公送上符合生命特质的诗或歌，当然，要进行简单的歌词改写。让孩子们一边双手做出送礼物的样子，一边吟诵改编了的诗歌，那一幕场景，那一份心灵的颤动，不是童年最珍贵的回忆吗？

带班，是需要一点浪漫气息的。

妙计 52 赋予灵性

白月亮书吧的故事

亲爱的嫣然老师为了庆祝我的班级主题帖《总会遇见隆重的庆典》开张，针对我的网名一轮月儿，送了我一首金子美铃的诗——《白天的月亮》：

像肥皂泡一样的
月亮啊，
仿佛风一吹，就会消失的
月亮啊。

这时候，
在遥远的异国，
正穿越沙漠的旅人
一定在抱怨说，
路太黑，太黑啦

白天的
白月亮啊
你为什么不去照着他呢？

初读时，没读出什么味儿。一定别有含义吧？我一遍又一遍地吟诵、涵泳，这可是一枚清香可口的芒果啊，越品越口留余香。金子美铃的诗，适合晨诵，拿来给我班的孩子们赏析吧。

放学时，我叮嘱可爱的小佳，让她早上抄好诗歌。等早上我走进教室，已有琅琅的读书声传来。孩子们开始在晨读小老师伟燕的带领下，毫无美感地朗读着此诗，不，确切地说，是小和尚念经般地读这首诗吧。

男、女读，范读，领读，引读……各种各样的美读后，进入了最富有挑战性和惊心动魄的"赏析"阶段了。"孩子们，你觉得金子美铃借这首诗，想表达什么呢？"

孩子们你看看我，我看看你，愣在那里，没有一人举手。"没关系，好好地读一读，想一想。这白天的月亮指的是什么呢？"大概沉寂了一分钟之后，开始有小手举了起来。

"我想这白天的月亮指的是太阳吧？"学超的回答，吓了我一跳。"呵呵，因为我们是红日班，学超时刻想着太阳啊，如此爱班，值得敬佩！"孩子们不约而同抿着嘴笑。

"好好读读。'这时候，在遥远的异国，正穿越沙漠的旅人一定在抱怨说，路太黑，太黑啦'，想想这旅人指的是什么呢？"我放慢了速度，提醒着孩子们。

"在学习上会经历许多的困难，只要你勇于攀登，一定会取得胜利！"小佳的回答，再一次让我大吃一惊。

"我们的小佳哦，不愧为我们红日班的学习标兵和楷模，口中眼中老想着学习，令人感动哦。"小佳笑着眨了眨眼，坐了下去。

教室里开始了沉寂，孩子们在搔首挠耳。"别急，别急，孩子们你们想想，白天的月亮，能经常看见吗？'像肥皂泡一样的月亮啊，仿佛风一吹，就会消失的月亮啊。'"我轻轻地吟诵着第一小节。

"不常看见的。"孩子们在下面说。

"那就是平时大家比较缺乏的东西。'在遥远的异国，正穿越沙漠的旅人，一定在抱怨说，路太黑，太黑啦。'旅人干吗要抱怨太黑呢，是因为什么呢？"我一步步地细细地引导。

"我觉得是因为旅人在沙漠中很艰难，困难很多。"志宏说。

"'白天的白月亮啊，你为什么不去照着他呢？'好好想想，一定能体会作者想要表达的意思。"

"我觉得白月亮指的是乐于助人，去帮助一切有困难的人。因为平常的生活中，这样的现象不是很多，像白天的月亮那样少见。所以作者说，'白天的白月亮啊，你为什么不去照着他呢？'"小润的话让孩子们有一种恍然大悟的澄澈，同时引来了一阵热烈的掌声。

"我也不太清楚金子美铃所要表达的真正意思，但我特别地欣赏小润的那种品读。赠人玫瑰，手留余香。希望我们都能谨记这句话，做一轮永远照亮别人，温暖人心灵的白月亮。作者问：'白天的白月亮啊，你为什么不去照着他呢？'601班的孩子们啊，快去，快去，照耀他吧。"

赋予了理解，赐予了灵气的诗歌，如一掬清澈的山泉水，滋润着孩子们日渐荒芜的心田，如一轮明亮的月亮，照亮了孩子们前行的方向。

"白天的白月亮啊，快去照耀他吧。"这一句柔柔的话，成了我和孩子们的心灵密码，似乎比许多许多句的"要乐于助人"更加的悦耳和动听。

"蒹葭苍苍，白露为霜。所谓伊人，在水一方。"水一方的诗，淙淙的诗啊，如春雨入土，如丝竹沁耳，温润了孩子们的心……

也就从那时起，"白月亮书吧"在我们教室的一隅静静地聆听着属于我们的故事。

带班锦囊 >>>>>

在教室一隅放一个书架，书架上放着孩子们从家中拿来的图书，组成一个班级图书角。

（1）组建图书角，并不难，买个书架，哪怕是简易的鞋架也行，一般也不会超过100元。即便班主任自己掏钱买，也值得。

（2）让孩子们每人从家中带来两本课外书，贴上标签，编上号，登记好。再配上班级图书管理员，建立借阅制度。一个简易的班级图书馆就建立起来了。

（3）给书架赋予一个名字。找一首诗，和孩子们一起解读，一起理解，一起品味。赋予了灵气的诗歌，如一掬清澈的山泉水，滋润孩子们的心田。

结合诗歌的吟诵与解读，给书架取一个名字，这与整个班级的精神文化息息相关，也能激发孩子们热爱书籍的美好情感。

没有一艘船能像一本书那样把人带往远方。书，是人类进步的阶梯。一个卓越的班级，必定是一个热爱书籍、热爱阅读的班级。赋予了灵性的图书角，是孩子一生的精神养料。

妙计/53 甜如花蜜

 >>>>>

比蜜甜的诗

课余饭后，浏览新教育小学陈美丽老师的帖子，看到了金子美铃的《星星和蒲公英》一诗，为陈老师灵活温润的处理拍手叫绝。

在蓝天深处
就像在海底的小石子
日间的星星，沉落着等待夜晚的来临
在我们眼里是看不见的

虽然我们看不见，但它们存在着
有些事物看不见，但存在着

枯萎散落的蒲公英
静静地藏在屋瓦的缝隙里
它坚强的牙根，等待着春天的到来
在我们眼里是看不见的

虽然我们看不见，但它们存在着
有些事物看不见，但存在着

亲爱的杨浩帆啊
你就是那日间的星星
你就是那坚强的蒲公英
你深藏的潜力
在我们眼里是看不见的

虽然我们看不见，但它们存在着
有些事物看不见，但存在着

  诗歌是滋养心灵的妙方，这样的一首诗，在一个人前进的路上，会产生多少鼓舞人心的力量啊！我的心被温暖了，同时萌生了借来一用的念头。把这么美的一首诗送给谁呢？洪佳吧，这孩子纵向与自己比，的确进步了不少，是10月份的前进之星，有次我布置日记写写谁的进步大，有36位同学不约而同写到了他。我决定把这具有划时代意义的第一个接受诗歌的目标定为他。

  我让孩子们反复地吟咏、品味，在孩子们谈到了日间星星、蒲公英不被人看见的坚强之后，我说：“今天，让我们一起把这首美丽的诗歌送给亲爱的洪佳同学，请洪佳站到讲台上，接受礼物。”

  调皮的孩子少了以往的嬉皮笑脸，红着脸走到了讲台前，跟随着同学一起吟诵这首诗。

  “让我们一起把这首诗送给亲爱的洪佳同学吧。”在我的指示下，孩子们一起站了起来，充满感情地吟诵——

亲爱的洪佳啊
你就是那日间的星星
你就是那坚强的蒲公英
你深藏的潜力
在我们眼里是看不见的

虽然我们看不见，但它们存在着

有些事物看不见，但存在着

　　洪佳站在上面，涨红了脸，有点手足无措。"接受了礼物，要怎么样呢？"我轻轻地提示。

　　"谢谢同学们送我诗歌。我一定继续努力，争取考出更好的成绩，不辜负你们对我的期待。"这是有史以来，我第一次发现洪佳的口才居然也可以这么棒。

　　"孩子们，好好地吟诵这首诗，看看谁能够最先背出来！"吟诵开始，孩子们全身心地投入到了背诵之中，三分钟左右，大部分孩子已经站起来，纷纷表示已经能够背诵。每天的《论语》背诵，让他们的记忆力大有提高，背这种小诗，不在话下，所以说日有所诵的力量大无比。

　　"孩子们，请离开你的座位，真诚地把这首诗送给你认为你们组里进步最快的同学。"一些成绩平常、学习努力、进步较快的孩子身边，围着送诗的孩子，送诗的笑眯眯地吟诵，接受送诗的红着脸，欣喜又意外地站立着。

　　我看见一向调皮捣蛋的家福身边站立着两位同学，他兴奋激动地聆听着。我连忙走到他的身边，"亲爱的家福，此刻，你心里是什么感觉呢？"我做起了记者采访他。"甜！比蜜甜！"他不好意思地说。

　　"刚才送诗的孩子拥有一双慧眼，接受送诗的孩子是一颗珍珠。"每一个孩子的脸上洋溢着春天般的笑容。"请刚才接受送诗的孩子们光荣地起立。"思依、汤婷、家福、伟涛、振涛、坚强等14位原本有点灰暗的星星，接受着来自同窗的祝愿和鼓励，一张张小脸变得分外生动，一下子焕发出迷人的光彩，成为了红日银河中最闪亮的星星。

　　　　　　亲爱的汤婷（家福、伟涛……）啊
　　　　　　你就是那日间的星星
　　　　　　你就是那坚强的蒲公英
　　　　　　你深藏的潜力
　　　　　　在我们眼里是看不见的

　　　　　　虽然我们看不见，但它们存在着

第六辑　诗歌共吟最滋养　　199

教室里一片祥和，一朵朵花儿正在娇艳地开放。

快乐和明媚充溢着教室的每一个角落。

学习是花，诗歌赛蜜。

"幸福的花儿，竞相开放，友情的歌儿随风飘荡，我们的生活，充满阳光，充满阳光……"我走出教室，不由自主地哼起了小时候广播里听到的歌曲。

带班锦囊 >>>>>

让孩子感受到自己的进步，这是对暂时落后孩子的最大肯定。定期通过写生活作文"某某同学进步大"来评选进步最大的同学，是我在工作中经常运用的招数。

（1）发表扬信、喜报，以此来肯定孩子的进步。

（2）邀请进步最大的孩子的家长来到班级，与孩子们一起参加活动，让进步孩子的家长感受到孩子进步的喜悦。

（3）送上"比蜜甜"的诗歌，简单地改编，把进步孩子的名字编到里面去，让全班孩子一边吟诵一边当作礼物送给他。何等幸福温馨的鼓励呀！给孩子们的童年，给孩子们的进步致以最温馨的敬意。

你深藏的潜力，在我们眼里是看不见的。虽然我们看不见，但它们存在着，有些事物看不见，但存在着。比蜜甜的诗歌，给了进步孩子前进的力量和勇气。

妙
计/54 强化努力

蝴蝶展开翅膀

别说是孩子，连我也有点期待每周三次的早读课了。每送出一首诗，我的心不经意地柔软一回，犹如无限的春光里，河岸边的那一棵垂柳，随着微风婆娑摇摆，起舞弄轻影，何似在人间。我多渴望自己，也如阿莫什维利一般，每一个空气清新、鲜嫩的早晨，来到教室门口，深情地说一声："孩子们，你们好！"在如水一般的诗歌吟诵声中，开始一天美妙的学习旅程。教育，可以如此地充满诗情画意啊，为什么要被这几个不愿做家庭作业、家长又无力监管的孩子而破坏一天的好心情呢？泰戈尔说："我不愿意小鸟嘈杂的合唱，和庆祝晨光的狂欢的风声，把我从睡梦中吵醒。"静谧的清晨，路旁的鲜花争妍斗艳，匆忙赶路的我们无心理会，突然，云隙中散射出灿烂的金光。我决定，从此之后，我丢开这些不和谐的声音，让自我的返回成为灵魂的皈依。

又一个期待的清新的周五早晨啊，我让媛媛事先在黑板上抄好了周梦蝶的《我是一只小蝴蝶》。她端正清秀的字迹，如她美丽的面容，令人赏心悦目。

　　　　我是一只小蝴蝶
　　　　我不威武，甚至也不绚丽

但是，我有翅膀，有胆量

我敢于向天下所有的

以平等对待我的眼睛说：

我是一只小蝴蝶

我是一只小蝴蝶

世界老时

我最后老

世界小时

我最后小

而当世界沉默的时候

世界睡觉的时候

我不睡觉

为了明天

明天的感动和美

我不睡觉

我让孩子们反复地吟诵，并感悟此诗所表达的真意。

"虽然，我只是一只微不足道的小蝴蝶，可是，我却敢于向世界挑战，向自我挑战。"小超说。

"虽然，我只是一只小蝴蝶，可是我有勇气向世人宣布，我是一只小蝴蝶，我会努力的。"小佳说。

我让孩子们反复地涵泳后两段文字。志宏说："虽然，我是一只微不足道的小蝴蝶，但是在别人休息时，我在向着明天努力，我们要用今天的努力，成就明天的辉煌。"

"从最后一节可以看出，想要明天更加美好，你就要在今天付出努力。"秋阳说。

"努力吧，明天的成功来自今天的奋斗，虽然，我只是一只小蝴蝶，但为了明天，我不休息，我要时刻奋斗！"学超说。

"孩子们，你们是真正读懂了这首诗，我们要用今天的努力，成就明天的辉煌，虽然我只是一只小小的蝴蝶。让我们一起把这首诗，送给一直以来那么努力，那么无怨无悔、默默勤恳的伟涛同学。"我把"伟涛"两个字工工整整地写在了黑板上，热烈的掌声中，孩子站到了讲台上。

我带领孩子们先吟诵了一遍原诗，然后向伟涛送诗。

我是一只小蝴蝶
我不威武，甚至也不绚丽
但是，我有翅膀，有胆量
我敢于向天下所有的
以平等对待我的眼睛说：
我是一只小蝴蝶

我是一只小蝴蝶
世界老时
我最后老
世界小时
我最后小

而当世界沉默的时候
世界睡觉的时候
我不睡觉
为了明天
明天的感动和美
我不睡觉

亲爱的伟涛啊，
你是一只小蝴蝶
你不威武，甚至也不绚丽
但是，你有翅膀，有胆量
你敢于向天下所有的
以平等对待你的眼睛说：

你是一只小蝴蝶

你是一只小蝴蝶
世界老时
你最后老
世界小时
你最后小

而当世界沉默的时候
世界睡觉的时候
你不睡觉
为了明天
明天的感动和美
你不睡觉

　　伟涛的嘴一直咧着，脸上漫溢着笑意："谢谢同学们送我诗。我一定继续努力。"孩子洋溢着满面的春风，兴致勃勃地下去了。

　　我让孩子们轻轻吟诵并背诵，两分钟不到，除了坚强、思依、鑫炜之外，全部都能背诵了。我让孩子们张开翅膀，学做一只小小的蝴蝶，飞到本组自己觉得进步最快的同学的身边，把诗歌献给他。

　　接着，我又让孩子们用优美的声音，自信地送给自己。"我是一只小蝴蝶……"蝴蝶翩翩飞，诗歌琅琅吟。这么一只努力飞翔的小蝴蝶，也飞在了每一位孩子的心窝里……

带班锦囊 >>>>>

　　一位勇于坚持、努力的孩子，才能得到更大的收获。聪不聪明，已经注定，无法改变，是否努力，掌握在自己手中。带一个班级，关键不在于班上有多少聪明孩子，更重要的是，孩子内心向上的欲望能否被唤醒，良好的学风是否具备。

　　（1）倡导"不比聪明比勤奋，不比成绩比进步"的班风。把这样的标语张贴在教室的两边，让全班的孩子时刻牢记。

（2）印制班级"努力章"，后面写上"越努力越幸运"。当有孩子表现好时，成绩进步时，作业认真时……给孩子们奖励"努力章"，达到一定量的"努力章"让孩子来换取礼物。

（3）《我是一只小蝴蝶》，诠释了蝴蝶的认真与执著，当有孩子特别认真时，把这样的诗歌送给他，把印有"认真蝶"三个字的特制章奖给他。做一只努力飞翔的小蝴蝶，快乐地飞翔在知识的花丛中。

妙计 55 放大光环

每一个人都是很棒的

周一，又到了晨诵的时刻了。这一次吟诵的是金子美铃的《我和小鸟和铃铛》，这首儿童诗，通俗浅显，琅琅上口，充满了童趣童真。我让孩子们反复吟诵后，谈一谈对这首诗的感悟。

> 我伸展双臂，
> 也不能在天空飞翔，
> 会飞的小鸟却不能像我，
> 在地上快快地奔跑。
> 我摇晃身体，
> 也摇不出好听的声响，
> 会响的铃铛却不能像我
> 会唱出好多好多的歌。
> 铃铛、小鸟还有我，
> 我们不一样，我们都很棒。

"每样事物都有它的长处，都是很棒的。"小英说。
"世间的每一个生物都有自己的长处，我们要扬长避短，做一个最优秀的自己。"志宏说。

"我们每个人都有自己的长处，我们要发挥出自己的长处，这样我们就是最棒的！一个人不可能是十全十美的，只要我们能扬长避短，就能长江后浪推前浪，更上一层楼。"小超说。

"太精彩了！"我们情不自禁地为小超鼓掌。

"是啊，孩子，每一个人来到这个世间，上帝都会给他一双美丽的水晶鞋的。尺有所短，寸有所长，我们要学会扬长避短，做最优秀的自己。"我充满感情地说。

"下面啊，我们一起把这首诗，送给双手灵巧的坚强同学。"我在黑板上写下了这么一段话：

> 亲爱的坚强啊，
> 你的双手很灵巧，
> 只要你努力，
> 你的未来一定很辉煌！

温馨的一幕又一次在红日班上展现：孩子们一个个站立着，情感丰沛地吟诵着，"亲爱的坚强啊，你的双手很灵巧，只要你努力，你的未来一定很辉煌！"孩子们在胸前摊出双手，做出送礼物的样子，当读到"你的未来一定很辉煌"时，双手拼命地往前送。坚强激动地说："谢谢，同学们，我一定会努力的。"是啊，一直以来，这个学习成绩很差，除了语文偶尔能考出三四十分，其余的功课皆徘徊在个位数的孩子，虽然基础是那么的差，可是一直很努力，他从没有落下任何一项作业。当桌椅破损时，他灵巧的双手，总是会及时地去修理。谁能预料孩子的未来呢？

"亲爱的孩子们，上帝让我们来到世界上，总归有他的道理。每个人都有他存在的道理，看看坚强，那么的踏实，为人又这么善良和热心，他的双手这么灵巧，将来开个摩托车或者汽车修理部，照样赚大钱。既然上帝都会给我们一双水晶鞋，那为什么有的人成了乞丐，有的人却开着宝马轿车呢？"我反问道。

"那是因为有的人穿着的水晶鞋尺码合适，有的人穿着的水晶鞋尺码不合适。"伊凡说。

"那是因为有的人懒惰，不知奋发，让自己的双脚残废了，所以没办法穿水晶鞋了。"小佳说。

"那是因为有的人一直好逸恶劳，穿着穿着，不知道这水晶鞋子往哪里去了呢。"利金说。

"是啊，孩子们，适者生存，每个人都有自己的长处，千万不能自己看不起自己，一定要学会不停地超越自己，这样，成功一定会属于你。"我再一次让孩子吟诵《我和小鸟和铃铛》。

"每一个人都是与众不同、独一无二的自我，每一个人都是很棒的。下面啊，请学着许老师送给坚强的小诗的样子，再灵活地创编一下，然后，送给你自己。"孩子们拿起了笔，为自己写诗。

亲爱的凯洁啊，
你的画画得很精彩，
只要你自信，
祖国大地等你去描绘！

亲爱的家瑜啊，
你很棒！
你的领悟能力很强，
只要你努力和勤奋，
成功的大门永远向你敞开！

亲爱的佳睿啊，
你的书法是那么的好，
只要你勤奋、踏实，
总有一天会遇见隆重的庆典！

亲爱的正芳啊，
你的文章清新优美，
你的字端正漂亮，

只要你不停地超越自己，

总会有辉煌的那一天！

……

当一个个孩子甜甜地朗诵着自己送给自己的诗，心里头溢漫的是什么？温馨？奋发？激励？阳光？……

一张张甜美的笑脸，一声声激动的吟诵，分明告诉我：孩子们心头装着一个温暖的春天！

带班锦囊 >>>>>

尺有所短，寸有所长，在学习上，我们要善于引导孩子们学会扬长避短，做最优秀的自己，让孩子找到自信，激发他前进的动力。

如何来扬长避短呢？

（1）多开展丰富多彩的活动，尤其是弱势孩子比较擅长的活动，比如说小制作比赛，比如说跳绳踢毽子比赛，比如说厨艺大比拼等。在各种活动中，搭建弱势孩子展示才华的舞台，让他在班级中找到属于他的位置。

（2）开辟"班级之星"学习园地，将某一方面有特长的孩子，评为某某之星，比如美术之星、书法之星、朗诵之星等，放大孩子的光环，唤醒他的自信心。

（3）强调"每一个人都是很棒的"这一理念，把《我和小鸟和铃铛》里面的"我们不一样，我们都很棒"当作一种信念，时刻挂在我们的嘴上，也印在孩子们的心中。

妙
计/56　深情暗喻

你就是那河边上的千屈菜

又到了晨诵时间，诵什么呢？我翻开自己摘录的金子美铃的诗歌本，目光开始了巡逻。看到《千屈菜》这一首诗时，心蓦地一动：好一颗不为人知寂寞的千屈菜啊。

> 长在河岸上的千屈菜
> 开着谁也不认识的花
> 河水流了很远很远
> 一直流到遥远的大海
> 在很大很大的大海里
> 有一滴很小很小的水珠
> 还一直想念着
> 谁也不认识的千屈菜
>
> 它是，从寂寞的千屈菜的花里
> 滴下的那颗露珠

把它送给谁呢？清晨，走进教室，把这首诗抄在黑板上后，我还没有具体确定该送给谁。算了，先诵了再说吧。

几遍吟诵之后，开始让孩子们谈感悟。

"千屈菜是默默无闻的，寂寞的，可是她依然很努力。"

"孤独的千屈菜，默默地奋斗着，最后她的露珠流进了很大很大的大海里。"

"只要你努力，终究有一天你会成为瞩目的焦点，你会闪亮。"学超的感悟，让我直为惊叹。

"是啊，那颗露珠宛如是千屈菜的精华，不为人知的千屈菜，走得很远很远，一直流到了遥远的大海里，也跨进了成功的海洋。"诗歌赋予孩子以灵气，他们的解读，让我不由得直翘大拇指。（我知道这样的解读不太到位，可是与我们班级的具体情况相结合，又有什么不可以呢？本来晨诵就是一滴滋润人心灵的甘露。）

还有两个孩子谈到了一个人应该懂得感恩——"有一滴很小很小的水珠／还一直想念着／谁也不认识的千屈菜"，若这样理解，何尝不可呢？一千个读者就有一千个哈姆雷特。

送给谁呢？该送给一位女孩子吧？哪一位默默无闻，却又相当坚强和努力呢？咦，晓红啊，那位身材矮小、貌不惊人的小女孩，实在是一位认真用功的孩子。每每批阅她的日记本，我心底漫溢的常常是感动和温馨。她交上来的日记，没有一篇是简短的，没有一篇是不认真的，没有一个被我圈出的错别字。

记得在她的那篇《名字的由来》中，她深情款款，又豪情万丈地写道：

奶奶总是对她说："晓红啊晓红，你一定要像天上的红日那样，光芒万丈，相信你一定前途无量。"

爷爷会对她说："我们家的宝贝孙女啊，你可要加油努力，争取光宗耀祖，成为一个秀女！"

晓红似懂非懂地点头，接着，用童稚的声音说道："爷爷，奶奶，我以后要像亚芬姐姐一样当老师，教书育人！"

他们听了，眼眶里满是眼泪，激动的眼泪。

就这样，那个名叫晓红的阳光女孩一直在为自己的理想奋斗，从刚有理智到现在，一直在奋斗，在努力！

我拿起笔，在她的日记上写道："嗯！一看你的样子就像一位老师！你若是老师，肯定会比我更优秀。"

第二天，日记本收上来，写着这么一行字："许老师，谢谢您如此相信我，相信您是世上最棒的教师！我永远崇拜您！"

可是，在排练市中队课表演唱《感恩的心》时，学校分管领导一看，告诉我，这位小姑娘的皮肤实在太黑了，夹在一群白皙皮肤的小女孩中，太不协调了，让我放到后面去。我左右为难，若放到后面，这孩子可能有想法，若不动，领导会有想法，再说我要考虑学校的颜面啊。我知道如她这样上进的女孩，肯定会有一点失落。要不，把这首诗送给她吧。我拿起笔，在黑板上写着：

亲爱的晓红啊，
你就是那长在河边的千屈菜
你坚强，你努力
终究有一天
你会开出很灿烂很灿烂的花朵

她含着微微的泪光，站在了讲台上，接受全班孩子的送诗。与她接触一年了，我知道这是一位敏感、脆弱而感情细腻的女孩，她是一位容易受感动，也爱哭的女孩。

"谢谢同学们，我一定会坚强，一定会努力，一定会让自己走得很远很远！"孩子深深地鞠了一躬。

阳光活动结束后，我有时间批阅孩子们的日记了。等批到她的日记本，已是中午了。这世界上怎么会有如此心灵相通的事啊。孩子的日记名为《晓红与她的保护神——解开心中的结》，她在文中写到了自己的郁闷，写到了自己躲在被窝里的抽泣，写到自己埋怨黝黑的皮肤，也写到了我对她的鼓励……看得我心头直痛，看得我直唾弃自己：作为一位老师，怎么可以把以貌取人的倾向传递给我的学生？怎么可以让一位先天条件不是很好后天却很努力的孩子产生自卑呢？枉费她还一直这么热爱着我，崇拜着我，尊敬着我。内心宛如有一条鞭子抽打着我。莫非那一天的送诗是上天让我对她有所弥补吗？弥补她幼小心灵的创伤吗？

我提起笔来，在孩子的日记上留下了下面这一段话：

> 亲爱的晓红啊
>
> 你就是那长在河边的千屈菜
>
> 你坚强，你努力
>
> 终究有一天
>
> 你会开出很灿烂很灿烂的花朵
>
> 黝黑的脸庞阻挡不了你前进的脚步
>
> 矮小的身材停止不了你坚定的步伐
>
> 亲爱的晓红啊
>
> 你的魅力正如日间的星星
>
> 如同坚强的蒲公英……

孩子将来要走的路还很长很长，要让孩子不因外在而自卑，要让她知道，三分天注定，七分靠打拼。

附晓红的日记：

2007 年 11 月 20 日　星期二　晴

晓红与她的保护神
——解开心中的结

今天，回到家，晓红很不开心，很郁闷。她愁眉苦脸地与妈妈打招呼，妈妈问她为什么不开心，晓红不肯说。晓红送走以往的笑容，与爷爷奶奶打招呼。爷爷奶奶问她为什么，晓红装出勉强的笑容，依旧不肯说。

晓红踏着沉重的步伐走进房间，躲在被窝里不住地抽泣，她想放声大哭，但她不敢。她埋怨自己黝黑的皮肤……她埋怨身上所有的缺陷，所有使得她变得不招人喜欢的地方，她总是羡慕别人，比如小佳、媛媛、晓艳、朱瑛、圣萍等等，有时还羡慕自己的知心朋友磊娟。

好不容易，晓红停止了哭泣，走到镜子旁，一遍又一遍地做着《感恩的心》的动作，她看到了自己笨拙的动作，伤心地哭了起来。

忽然，一个与晓红一模一样的人走了出来，晓红用手擦去眼泪，惊奇地问："你是谁？为什么与我长得一模一样？"

她说："小主人啊！你怎么连我也不认识了呢？我就是你——"

"啊？！"晓红惊呆了。

"你的保护神！"她继续说道，"小主人，你何必那么伤心呢？不就是不能在主题中队会上显示自己的才华吗？这有什么了不起，你有的是展示自己风采的机会！"

"我并不是因为这个，我是因为……因为……"

"因为什么？"

"我也不知道啊。反正我就是不开心！"晓红蛮不讲理地说道。

"小主人，那你就更不必了，今天，老师不是表扬了你好多次吗？难道你还不满足？"

"不是，老师那分明是在鼓励我，想让我自信些，更加努力……"

"那就行了，说明老师信任你啊，你就更不应该那么自暴自弃了，你必须重新振作，用自己的行动向老师证明，老师没有看错你啊！"

"话是这么说，可我就是办不到啊！"

"不行！你必须做到，你绝不可辜负老师对你的一番厚望，我相信你能做到的！"

"谢谢你，你跟许老师一样，那么相信我，一直鼓励我，谢谢你们！"

我的保护神离开了，但她那句"我相信你能做到的！"却一直在我耳旁徘徊。许老师和我的保护神都是在我背后支持我的天使。你说是吗？

带班锦囊 >>>>>

爱美之心人皆有之，在这个唯颜值至上的年代里，品貌俱佳的孩子总占人和的优势。然而，总会遇见这么一些孩子，他们先天外貌很一般，学业也不是非常突出，但也很努力，内心丰盈。他们如《一百条裙子》中的旺达一般，受人漠视，有的时候，我们老师也不知不觉成了帮凶。

（1）不要漠视任何一位同学。带领孩子们研读《一百条裙子》这一本经典的童书。每年安排固定的一天为班级"旺达节"，让孩子们彼此说说被漠视的感受。

（2）人是因为可爱而美丽的。当发现被忽视的孩子，及时弥补。深情暗喻，把他比喻成一朵花、一首诗、一幅画、一首歌……在这样的郑重其事的表扬中，激发他的自信，让他找到属于他的坐标。

"做一个让世界感到温暖的孩子！"

家福这孩子是一个标准的山东大汉的模样，一百二十来斤的分量，一米六五左右的个子，腆着将军肚，两只招风耳可爱地朝两边散开。

这孩子啊，是一条典型的变色龙，在我的面前，表现上佳，听话又安静，一旦我一走开，就属他的天下了。每次的午餐不安静，督察组检查中总少不了他的名字，提醒了没有用，好好地教育了没有用，告诉他，将让他回家去就餐，好了一周后，又故伎重演了。他人高马大，好多男生敢怒不敢言。上次他把小老师利超的本子给撕了，利超害怕他，不敢吭声，直到同组同学告知，我才知道。

曾多次与他妈妈联系，他妈妈声音响亮，不停地说："气死我了，在家非常不听话，常常惹我生气。"他上面还有一个哥哥，两个姐姐，全家人最疼他，他倍受呵护，这孩子的爸爸更是宠他，即便孩子犯了错误，也一幅笑眯眯的样子。他妈妈告诉我："这孩子就服我，只听我的话。可是，我也不可能一天到晚地跟着他吧。"

自从学期初，他爸爸妈妈告诉他，将在下一年去文武学校读书后，这孩子的表现更是节节败退。我与他家长联系，若真想去文武学校读，也不能明确告诉他，不然，他现在对自己在同学心中的形象，对考试成绩更加无所谓。总之，孩子这段时间的表现，甚让人失望。我曾数次无意中亲眼看见他对同学的吼叫，对待同学的不耐烦。

午餐监督员接连反映，他大声说话，提醒了也没有用。一向对他和颜悦色的我愤怒了。我让同组的孩子帮他整理了书包，让他背上，要么回老家去读，要么去文武学校读，要么12月开始回家去吃午饭。他站在座位边上一动不动。

那天，正好大扫除，我分派了每个孩子的打扫任务，可不见他移动身影。"你是不是还想在这里认真读书啊？"我平和地问他。"嗯！"他点了点头。"那快点，将功补过，用清洁球帮着擦走廊，等一下回家再让你妈妈给我打个电话。"他拿起清洁球卖力地干了起来。

下班回家后，手机铃声响起，原来是家福的妈妈来电话了，说儿子让她打的，许老师交代的。我一阵温暖。我说过就忘记了啊，这孩子还挺守信的哦。我与他妈妈交流，得知的确中午没地方吃饭。我对家长说："跟孩子说，许老师是看在妈妈的面子上，给他最后一次机会的。"他妈妈爽快地答应了，并不停地说："我家的孩子就只听你许老师的话，其他人的一概不听。"我让他妈妈不要一副不耐烦的样子，每天要学会表扬，至少表扬十次，让孩子看到希望和曙光，不要整天对他喊，"气死我了，气死我了，我管不了你了"。我在电话中传授了一些赏识的技巧给他妈妈。

其实，站在家福的立场上，也很是可怜，没有一个同龄的朋友，心里很孤单，他才想着用声音、用武力去引起同学的注意，结果陷入了这样一个形单影只的境地。回到家，只好把这种孤独寂寞带来的坏脾气撒向世界上最疼爱他的父母身上。同学逃避，老师批评，父母斥责，这样的恶性循环，让孩子看不到一点希望。作为老师的我，该如何去赏识，去呼唤他的自尊心呢？

"亲爱的孩子们，昨晚许老师很感动，家福同学非常守信，我让他妈妈晚上给我打电话，说实话，我已经忘记了，可是他却记得牢牢的。多么守信啊！"孩子们将热烈的掌声送给了他。

"这样守信的孩子，肯定也是一位有责任心的孩子。许老师封他为我的助手，以后专门帮助我管纪律——午饭的纪律和自修课的纪律。"他眯着眼睛笑了，孩子们都羡慕地看着他。

有了岗位，有了事情可做的他，说话开始温柔了，也不再调皮捣蛋了。怎么来重重地表扬他呢？我反复地挑选，选中了金子美铃的《云》，郑重地、隆重地、庄重地送给他。

> 我想变成
> 一朵云。
> 又松又软，
> 飘在蓝天里，
> 从这头到那头，
> 看够了风景，
> 晚上就跟月亮
> 捉迷藏。
> 玩腻了
> 就变成雨。
> 跟雷公
> 结个伴，
> 一起跳到
> 人家的池塘里去。

又轮到语文早读了，前一天放学时，我请冬丽同学早上一到教室就把诗歌写在黑板上。等我走进教室，好多孩子已经抄好这首诗，正在吟诵了。

"孩子们，你们读这首诗，读到了什么呢？"我们开始了海阔天空的解读。

没人举手，孩子们在座位上静静地思索。"来看，'从这头到那头，看够了风景，晚上就跟月亮捉迷藏'，你读懂了什么呢？"现在的我，已经学会不再急躁。

"我读到了这朵云很可爱的。"

"我读到了云不但可爱，而且很调皮，很贪玩。"

"再往下读读，孩子们。'玩腻了就变成雨。跟雷公结个伴，一起跳到人家的池塘里去。'你还能读懂什么呢？"我继续引导。

好不容易有了一只手，是学习成绩非常一般的越峰。"贪玩的云玩够了，就去做正经事了。"

"为什么是正经事啊，你怎么看出来的呢？"我追问。

"池塘很干了，下了雨，池塘就满满的了。"他的话刚一说完，孩子们都主动送上了掌声。我们亲爱的越峰同学正朝着明亮的那方，努力地前进着，真令人欣慰。

"这云开始是调皮的，后来他玩够了，开始去做有意义的事情了。"

"云玩够了，就去做有价值的事情去了。"

"云的玩心收起来了，就去做让世界温暖的事情了。"

……

"孩子们，这云从原来的调皮、顽劣，到后来做让世界温暖的事，就好像我班的哪位孩子啊？"

"家福！"孩子们异口同声地说。我面露惊讶，孩子们纷纷指着小黑板，原来都已经悄悄地看到小黑板上的那段文字了。

> 亲爱的家福啊，
> 你就是那朵调皮可爱的云，
> 玩腻了，累了，疲倦了，
> 你会如那可爱的云一样，
> 跟雷公结伴，
> 一起跳到池塘里去。
> 总有一天，你会散发出无尽的光芒，
> 来温暖这个美丽的世界，
> 让所有的人们，
> 因为你的存在而感到幸福！

美丽的送诗镜头再一次在红日班上演——孩子们做出手捧礼物的样子，深情款款地齐声吟诵：亲爱的家福啊……

"谢谢！谢谢同学们！我一定改掉自己的缺点，做一个让世界感到温暖的孩子！"说此话时，孩子盈盈的泪光在闪烁。

一首并不起眼的小诗，赋予一定的意义之后，散发出的明亮，赛过天上的那轮月儿，散发出来的花香，赛过浪漫的玫瑰……岁月里留下种子，种子里充盈着希望。某天，当某位名字唤作家福的青年，回忆起小时身处异乡求学的光景时，这样的诗歌，曾带给他何等的力量和希望呢？

留待岁月的磨洗和考证吧——

带班锦囊 >>>>>

让孩子内心觉得温暖，除了能提高学习成绩外，更重要的是能在班级中找到存在感。给弱势孩子安设岗位，让他在为班级做事中找到自身的价值，王晓春老师称之为"招安"。

（1）寻找一个合适的理由，当孩子某一个行为表现比较好时，进行鼓励、表扬，并封他"班主任助理"或"班长助理"等称号。

（2）让他有事可做，让他经常为班主任做事，如拿小黑板、开投影仪、搬本子等。在忙碌的有事可做中，孩子找到在班级的存在感，找到属于他的位置，从而激发他的自信。

（3）每周进行一次谈话，肯定孩子的进步，指出孩子的不足，在推与拉中鼓励孩子不断地向前。

（4）定期以"喜报"的方式，向家长报喜，让家长感受到孩子的进步。和家长结成联盟，家校共同携手是孩子前进的有力保障。

不吼不叫，做智慧班主任

妙计 58 愿望之力

祝愿明天会更好

佳佳是一位容易被老师忽略的孩子，资质平庸，内向，胆怯，话很少，成绩中等偏下，不给老师找麻烦，也不惹同学讨厌，宛如富兰克林的《我的自画像》中所写，整天躲在草场的角落。我常觉得这一类的女孩子，语文凭靠努力，到个中等没什么问题，但理科方面，即便天天把老师请到家，也无法达到她名字中的佳。

没想到，无意中我从数学老师那里看到孩子的数学一连考了两次超乎我想象的成绩，一次为92分。当时我愣在了那里，直感叹赵老师的教学水平高。另一次在全班只有13位90分以上的情况下，考了个86分，与优秀生伊凡打了个平手，令我再一次惊叹。这沉甸甸的成绩里，包含着她多少晶莹的汗珠，便只有她自己知道了。这孩子，本学期以来在《特别的女生萨哈拉》的熏陶之下，渐渐地向美好事物的中心靠拢，字美了，胆子大了，手渐渐地举高了，整体的精神状态有了提升。

我决定在晨曦中，把一首闪亮的诗送给她。送什么好呢？我反复寻找，推敲，琢磨，定下了金子美铃的《明天》。

在街上遇见
母子俩，

我好像听见他们说
"明天"。

小镇的尽头
晚霞满天，
我知道春天要来的。

那一天，
不知为什么
我高兴起来，
心里头想的也是
"明天"。

与黎明共舞，当早晨明亮的阳光透过窗棂，直射教室时，明亮溢满教室的每一个角落。自从一个个孩子拿到作文比赛荣誉证书（证书上写着金、银、铜牌小作家的字样），孩子们的吟诵轻声、优美、抒情，颇有点意境了。鼓励，是冬天里那一缕缕灿烂明媚的阳光，直慰贴心窝。

"孩子们，轻轻地读第二小节，看看读这首诗，你理解到了什么呢？"我轻轻地问。每回让孩子们解读诗歌，实则也在考验每一个孩子的语文能力。

轻读。沉寂。有小手了。"我们的明天会像春天一样那么美好。"牟鑫说。

"明天如美好的春天一样，终究会来的。只要我们今天努力了，我们的明天就会如晚霞一样美丽。"小娇说。

"诗人雪莱说，冬天到了，春天还会远吗？"我笑着说。

"如果我们把握好今天，那明天就是美好的。期待美好的明天，那么今天就要努力。"利超的理解能力我一直都非常欣赏。

"孩子们，你们想过没有，明天想做什么呢？"我让孩子们先同桌间交流一下。

"我想做一名老师，在农村里教学生学习知识。"媛媛、晓红、晓艳如此说。

"我想做一名老师，带领着聋哑孩子学习知识。"小娇说。

"很好，培智学校的老师需要更多的爱心。小娇完全能够胜任。"

"我想成为一名飞行员。"力超和培杰又一次不约而同地说。

"那就朝着自己的目标努力啊。培杰，那你还需努力啊，飞行员至少要高中毕业。文化不行，根本就不能入选。"我笑着鼓励。

"我想成为大学里的一位教授。"伊凡说。

"我想成为一名护士，救死扶伤。"又有好几位女孩这么说。也有几个孩子说不出自己未来想做什么。恰巧叫到了佳佳，可是她站在那里，说不出将来自己想做什么。等许多孩子说过后，她才腼腆地说，想做一名护士。曾在李希贵的文章中读到，咱们中国的高中生往往对自己的未来比较盲从，很少知道自己想从事什么工作。外国连小学生都很清楚自己将来想做什么。不知道将来想做什么，找不到努力的方向。

"有一句话说，倘若今天你能改变自己，也就把握住了美好的明天。孩子们，期待美好的明天，那就行动起来，将今天的不美好统统赶跑，向着美好不断前进和努力。愿望是有力量的。"在我的号召之下，孩子们又一次轻轻地吟诵了诗歌。

"下面啊，我们把这首诗送给亲爱的佳佳同学。知道许老师为什么要送诗给她吗？"

"因为以前的佳佳躲在草场的角落，不敢大声地说话，现在的她，渐渐地自信了，敢举手了。"

"因为她的字越写越好了，日记也写得越来越生动了。"

"因为她学习很努力，数学、科学进步很快。"

……

"请亲爱的佳佳同学，站到前面来，接受大家的送诗。"她走了上来，没想到，眼泪哗哗哗地顺着脸往下淌。激动？感动？兴奋？一位平素不被人关注的孩子，大概没想到有天成为美好事物的中心，接受来自同学、老师的美好祝愿。我轻轻地帮她拭去脸上的泪珠。

> 不知为什么
> 我们高兴起来，

心里头想的也是

"明天"——

佳佳的明天。

亲爱的佳佳啊,

你的明天将多么灿烂,

因为你是那么的执著和努力。

"谢谢同学们。我一定继续努力!"孩子怯怯地说。

"孩子们,请把这首诗,送给你认为我班上最值得拥有这首诗,最配拥有这首诗的同学。"孩子们纷纷离开自己的座位,三五成群,围聚在他们眼里所认为的美好事物的中心,用声音、用动作,传递着欣赏和赞叹。送诗的和被送的,每一张脸都是一个温暖的春天。

"孩子们,把这首诗送给自己吧。祝愿你、我、他,在座的每一个人,都拥有一个美好灿烂的明天。"教室如打开了的匣子,飞出了一位位可爱的小天使,一张张眉飞色舞的脸,一声声纯真甜美的童音,汇成一股欢乐的溪流。

"轻轻敲响沉睡的心灵,慢慢张开你的眼睛……"美好的歌声,美好的憧憬,美好的期待,让我们一起祈祷:

我们的明天会更好!

带班锦囊 >>>>>

一个人的愿望是有力量。梦想的力量来自内心的觉醒、被唤醒。展望明天,许下愿望,朝之奋斗努力,在坚持中,在奋斗中,在追逐中,孩子渐渐朝着明亮那方前进。

(1)让孩子们写下自己的愿望——长大了能干什么,从事什么职业,并张贴在自己的书桌前。每天对着自己的愿望轻轻读三遍。

(2)经常讲一些为了自己的梦想坚持不懈、永不放弃的励志故事,或推荐阅读一些名人传记,比如马云的故事、《奥巴马传记》、刘晓庆的《人生不怕从头再来》等,鼓励孩子们在追逐梦想的过程中,学会坚持,面对困难不要轻易放弃。

（3）在班级里树立身边的"梦想榜样"，把克服困难的事迹张贴在教室的学习园地里。

（4）送诗歌《明天》，唱歌曲《明天会更好》，以此勉励。

妙计 **59** 捕捉契机

我们奇怪得不得了

那次，小华因恶作剧——在朱瑛耳边吹气球爆炸了，导致同学耳鸣而送医院。孩子吓得手足无措，尤其是当孩子爸爸得知消息，赶到学校来问询时，孩子的脸顿时失色。

老爸举手想暴打儿子，被我及时制止了。"华爸爸，事情已经出了，再说检查出来也没什么事，你再揍孩子也无济于事啊！"

爸爸听我说得有理，放下了正想揍儿子的手。

在办公室里，小华低下了头，向爸爸主动承认了错误。在我的提醒下，小华主动写了保证书，一式三份，一份给我，一份给他自己，一份交给爸爸。爸爸也在我面前反思了自己的问题：面对单亲的孩子，开货车的他陪伴太少，再加上新找了女朋友，忽略了孩子的情感。他答应我，以后只要有空，一定多陪陪孩子。

此事，深深地触动了孩子，他对我从爸爸手下救了他心存感激。他与我之间，建立了美好的师生情谊。他对我倍加信赖。

也是从那时开始，这孩子啊，发生了脱胎换骨的变化：不再调皮吵闹，不再随意小动作连连，不再唯恐天下不乱，认真地写字，轻声地说话，静静地做事……一次次赢得了小老师、同组与全班同学的喝彩。他呢，也开始品尝做一位好学生、好孩子的快乐。迅速地做作业、安静地玩，同学喜欢他了，老师表扬他了，笑容开始挂上了他的脸。

在家里，他开始对他奶奶孝敬了。有一段时间，奶奶一直生病住院，他每天做好作业后，就乘坐爸爸的汽车一起去医院，陪奶奶说话，给奶奶递茶送水，与阿姨（后妈）的关系也越来越融洽，并开始改喊妈妈（有他的日记为证）。

他还拿到了一张作文比赛的优秀奖荣誉证书。他的笑容更是如花绽放。

这所有的一切，我看在眼里，孩子们看在眼里，家长看在眼里，所有与他接触的人都喜在心里。在我布置的"看谁的进步快"的日记里，他很自信地写到了他自己，赢得了我们的一致喝彩。

于是，我决定挑选一首诗——金子美铃的《奇怪的事》，作为祝贺他进步的礼物。

我奇怪得不得了，
从乌云里落下的雨，
怎么会闪着银光？

我奇怪得不得了，
吃的是绿色的桑叶，
怎么会变成白色的蚕宝宝？

我奇怪得不得了，
谁都没有碰过的葫芦花，
怎么会自己"啪"地就开了花？

我奇怪得不得了，
怎么问谁谁都笑着说，
"那是当然的啦。"

这么简单的一首诗根本用不着讲解，只需慢慢地咀嚼、品尝。我让孩子们反复地轻轻吟诵。然后，我出示小黑板上的那一段话：

我们奇怪得不得了，

怎么小华开始闪金光？

怎么问谁，谁都笑着说，

"亲爱的小华，你好棒啊！"

亲爱的小华，祝愿你努力腾飞，灿烂辉煌！

"孩子们，我们一起来把这首诗送给——"

"小华！"他们心有灵犀地说。

"我们奇怪得不得了，怎么小华开始闪金光？怎么问谁……"又一个紧张、激动、兴奋、温暖兼热泪盈眶的时刻到了。站在讲台的小华，泪光涟涟，笑意盈盈。

每一个送诗的时刻，是孩子们期待的时刻；每一个送诗的早晨，是心灵飞舞的早晨；每一个诗歌流光的晨曦，悄悄地温润着孩子们童真的岁月。曾记否，那一朵调皮可爱的山东的云儿——家福，自从送诗鼓励他"做一个让世界感到温暖的孩子"，这孩子彻头彻尾地来了一个翻天覆地的大变化，在"谁的进步最快"中，竟然荣获 30 票的好成绩，独占鳌头。洪佳、坚强……一个个孩们的名字开始闪亮，开始溢彩。

此情，此景，此境，岂能用文字全部表达？

带班锦囊 >>>>>

教育是讲天时、地利、人和的。每一个孩子的教育，都有他的最佳时机。善于捕捉教育的最佳时机，是对班主任专业能力的考验。

（1）化消极因素为积极因素。一件不利的事件，若处理得好，就可以触动孩子的心灵，赢取他对你的信任。上文中的小华，对于我及时阻止了他爸爸的愤怒，心存感激，知道老师是真的为他好。之后，我们之间建立了美好的情感。

（2）从活动中寻找契机。在活动中，让孩子充分发挥自己的特长，展示自己的兴趣，身心得到了放松。在活动中，老师和孩子玩在一起，师生关系比较融洽，容易交流心声。

（3）掌握孩子的性格特点，有意制造一些"巧遇"。多方面了解孩子的喜好，找"共同话题"，然后有意无意在他喜欢去的地方巧遇，自然而然地说起他感兴趣的事物。有共同的爱好就有共同的语言，有共同的语言就有共同感情。那时，许多问题就迎刃而解了。

妙计 60 重磅宣传

我的故事 >>>>>

总有一场隆重的庆典等着你

我的班级日记《月饼亮盈盈》，记录了我用一个月饼来温柔地善待芳芳的日记抄袭事件。教育人，从打动他的心灵开始。芳芳渐渐地开始觉醒，缓缓地摆脱了女生倒数几位的劣势，也甩掉了从前那个"懒女"的头衔，可是因基础太差，她的蜕变成蝶终究不是一件容易的事。她依然属于默默无闻的那一类，依然静静地端坐在自己的座位上，做着希望成为美好事物中心的梦，向着明亮那方默默地前进着，前进着。

在她对村小同窗好友梦娇羡慕不已的时候，冥冥之中，上苍也赐予了她一份丰美的礼物。那次，我批阅孩子们的"我向谁学习"的日记，芳芳的日记引起了我的莞尔一笑："我好羡慕梦娇啊，记得她以前在稻乐时，与我一样，是后进学生，可是她自己通过努力，现在已经是良好，甚至是优秀的学生。看着她一天一天进步，我真想某天也能与她一样，成为一位优秀学生……"我当即提笔留言："只要你努力，足够努力，终究有一天，你也会如梦娇一般，成为同学瞩目的中心。"

努力吧，总会遇见隆重的庆典。这一句话，一直是我们师生互相勉励的标签，感谢那个经典的绘本形象——陶陶。我没料到那次演讲比赛居然成了默默奋斗着的芳芳的庆典———场仿佛就是为了她而准备的隆重盛会。

为响应学校的号召，学好学透学实《奥运精神伴我成长》一书，我组织了一次奥运知识比赛，要求每生一篇读后感，顺水推舟又隆重地举行了一次演讲比赛。我指定每个小组选派两位选手，参赛人员由小组自行决定。当时让小老师报名单时，小佳报了她自己和芳芳。"芳芳？"我惊讶反问。他们组可还有高手伟家和梦娇。"嗯，是的。"小佳笑眯眯地说。"我不行的！我不行的！"芳芳坐在座位上不好意思地对我说。"因为这文章芳芳写得最好！"小佳笑着说，其他的孩子纷纷附和。"芳芳啊，既然选到你，那是一件好事啊，你就当给自己一个锻炼的机会啊！"我对她说，只见她张开嘴，没说答应也没说不答应。

等到正式开讲的那天，她的优雅气质、不徐不急、沉稳大方赢得了我们全班孩子的热烈喝彩！这着实在我的意料之外。偶然性中一定包含着必然性，现在想来，这一切早在注定之中了。

于是，这次的演讲比赛，她站在了舞台的中央，从她精心准备的那一刻起，就预告着她将成为一颗闪亮的新星，她一瞬间的光芒，让我们看到了一个神采奕奕、自信满满的女孩。

在给家长的信中，我隆重地表扬了芳芳，在孩子们的"谁的进步大"的日记中，平素很不起眼的她，一下子获得了 21 票，一举夺得了当月的桂冠，她的芳照以及同学写她进步的文章，全都贴在教室后面"期待盛宴"的宣传栏里。我亲自挑选诗歌《蝴蝶花·花蝴蝶》，作为礼物送给她。

一只小小的花蝴蝶，
自由自在地飞翔。
她飞过花园，
有一棵小草哭得很悲伤。
小草说："我没有花朵，
日子过得很孤单！"
说着，眼泪掉在了泥土上。
花蝴蝶往草尖上一站，说：
"让我来陪伴你，
日夜留在你的身旁！"
人们经过花园，惊奇地说：

"啊，多么美丽的蝴蝶花！"

　　阳光下，

　　小草乐得轻轻地歌唱……

　　我让孩子们品读诗，谈谈读后感。"这是一只非常善良的蝴蝶。""这是一只非常乐于助人的蝴蝶。""这一棵小草在善良的蝴蝶的帮助下非常开心，不再孤独。""好一朵美丽的蝴蝶花啊！"……六年级的孩子理解这么一首浅显易懂的诗，不是一个难题。

　　"孩子们，许老师要把这首诗送给我们红日班最闪亮的新星——芳芳同学，你知道这是为什么吗？"我脸带微笑，眼睛看着她，只看见她的脸一下子红了。

　　"慧眼识珠"活动开始，孩子们一下子找了许多许多芳芳的优点，比如乐于助人啊，安静啊，敢于挑战自我啊，经常借给同学橡皮啊，当同学伤心时总会过去安慰啊……于是，我顺理成章地呈现这么一段话：

　　　　芳芳啊，

　　　　你就是那美丽的蝴蝶花，

　　　　当你落在我们的教室里，

　　　　我们的班级就分外明亮！

　　　　芳芳啊，

　　　　你就是那善良的花蝴蝶，

　　　　当你落在我们的教室里，

　　　　同学们就格外快乐！

　　芳芳，亲爱的芳芳，曾经平庸如豌豆花的芳芳，曾经作为最差孩子分进我班的芳芳，她站在了舞台的中央，接受着全班同学的真诚赞美。当孩子们琅琅的读诗声响起时，她哭了，眼眶里盈满了晶莹的泪珠……

　　总有一场隆重的庆典等着你，亲爱的芳芳，继续努力吧，前方有着更大的盛典等着你。亲爱的孩子们，我们一起努力吧，不管现在的你优秀也好，平庸也罢，只要你勇敢地走，坚持地走，总有隆重的庆典等着你！

带班锦囊 >>>>>

常常反思教育是什么。我认为，教育就是让孩子遇见更美的自己。当有孩子通过自己的努力取得进步时，在班上"隆重推出"，让他成为美好事物的中心。

（1）给家长的信或者发给家长的信息中，隆重表扬孩子的进步。

（2）开展"慧眼识珠"之类的活动，让进步孩子站在讲台前，让其他孩子夸夸他，找优点。群众的眼睛最雪亮，孩子方方面面的闪光点，都有可能被肯定。

（3）鼓励孩子积极参与各种活动，锤炼自己。上文中的芳芳正是通过积极准备演讲比赛，并表现不俗，开始让同学刮目相看的。

（4）把同学夸他进步的文章以及孩子的照片一起打印出来，张贴在教室的班级明星栏里。

（5）将某一天，命名为某某（进步孩子的名字）公主日或某某王子日。闪亮的日子，载入孩子的心灵史册。

这些年，这些事，这些孩子

我遇见谁会有怎样的对白
我等的人他在多远的未来
我听见风来自地铁和人海
我排着队拿着爱的号码牌
——孙燕姿《遇见》

　　每每听孙燕姿的《遇见》，我心海翻滚，泛起无数点点浪花，"我在某年某月醒过来，我想我等我期待……"人生是一列往前奔驰的列车，正如歌词中所唱，所有的遇见，都会是最美丽的意外。

　　何其有幸，恰巧赶上了一个改革开放、祖国腾飞的好时代，经济富裕起来的江南农村、城郊结合部，钱财已滚滚来，家庭教育素养却依然匮乏。经济富裕地区，来自五湖四海的农民工朋友来这一方小城安身立命，每天辛苦劳作之余无法顾及孩子的学习。

　　在我的教育生命中，从偏僻的乡村小学到城郊结合部的小型学校再到现如今的城市实验小学，农村孩子、新居民孩子、城市里的家庭宠儿……遇见了林林总总的孩子，遭遇了各色各样的"疑难杂症"：把小猫活活从三楼扔下去摔死的小蔡；爸爸彻夜不归只顾"小三"背景下小超的反常之举；因不接受后母而在校敲桌子的小历……

　　一幕幕的场景历历在目，触目惊心。点点滴滴平淡的教育日子中，夹杂着无数的酸、甜、苦、辣。只有拥有相同际遇的朋友、同事方能体会这一份痛苦和迷惘。

发怒、生气、请家长、写检讨书……传统意义上的"管理"真的已不能适应日新月异的时代发展，快速的经济发展、农民工的大量进城、城郊结合部经济膨胀等衍生出的诸多教育问题，尤其是孩子的家庭教育问题，日益突出。用王晓春老师的话来说，我们的许多家庭把不合格产品送到学校，让我们老师焦头烂额。

一语惊醒梦中人。

想要改变，首先在于心态的转变，不抱怨，不放弃，心平气和，不急不躁——

我不去想是否能够成功，既然选择了做教育的有缘人，便只顾风雨兼程。前方是什么？迷雾茫茫的苍翠森林？云海迷蒙的巍峨山峰？波光粼粼的浩淼烟波？晴日朗照的广袤大地？……

谁知道呢！山高水长路不平，我背起行囊，踏上遥远的路途，抖落一地的尘土，日夜风餐露宿，饮尽一份孤独，风雨兼程，追求我的梦想……

待到雨过天晴时，捷报化彩虹。我鼓起勇气，日夜兼程，只因为心中有无数的期待、憧憬、希冀。我希望，风雨之后，见彩虹，我希望，明天，又是一个艳阳天。

噢，明天又是一个艳阳天。这样的安慰、这样的憧憬，让我的心灵多了几许的慰藉。

新时代，呼唤富有专业精神的班主任。如何做一位专业的班主任？要犹如医生一般，学会望、闻、问、切，学会教育诊疗，寻找问题背后的真正原因。我停止了焦灼，开始尽可能理智地处理各项班级事务。我探求一条班主任专业成长之道，渴望我能如鱼得水地开展班主任工作。

工作之余，我静下心来，捧起了一本本教育书籍，从苏霍姆林斯基、陶行知、杜威、朱永新、李镇西等老师的著作中汲取养料，我如饥似渴，遨游书海，我的心灵变得充盈。我开始捎上一颗思考的脑袋，学习、钻研、借鉴、思考……以班级为我的实验基地，不急不躁，心平气和，学会临场处理的各种应变技巧，记录、反思、修整、实践。我更为稳健地前进……

十年磨一剑。

就这样，我的电脑中，不知不觉静静地躺了几百万的文字，一个个或悲或喜或囧的故事里，留下一位班主任努力探求美好与圆满的足印。一幕幕的场景在我的教育生命中飘然而过，或深或浅，不知不觉，沉淀为一些所谓的实战经验。

此刻，端坐在电脑前，静静梳理过往的一切，孩子们可爱的举止笑容一一浮现眼前。

教育，如此的美好，即便有过酸、甜、苦、辣、咸。

感谢华东师范大学出版社大夏书系卢风保编辑的慧眼，让这些文字终于得以与诸位读者见面，也给我的十年作了一个美好的总结。

感谢走进我教育生命中的每一件事、每一个人。

2018 年 4 月